麻将制胜的金钥匙

崔桦　著

成都时代出版社
CHENGDU TIMES PRESS

图书在版编目（CIP）数据

　　麻将制胜的金钥匙/崔桦著. —成都：成都时代出版社，2018.3

　　ISBN 978 - 7 - 5464 - 1761 - 5

　　Ⅰ. ①麻… Ⅱ. ①崔… Ⅲ. ①麻将 - 牌类游戏—问题解答Ⅳ. ①G892.2 - 44

　　中国版本图书馆 CIP 数据核字（2016）第 251064 号

麻将制胜的金钥匙

MAJIANG ZHISHENG DE JINYAOSHI

崔桦　著

出 品 人	石碧川
责任编辑	张　露
责任校对	李　航
装帧设计	四川华彩文化传播有限公司
责任印制	唐莹莹
出版发行	成都时代出版社
电　　话	（028）86742352（编辑部）　　（028）86615250（发行部）
网　　址	www.chengdusd.com
印　　刷	四川翔川印务有限公司
规　　格	165 mm×230 mm　1/16
印　　张	13
字　　数	200 千
版　　次	2018 年 3 月第 1 版
印　　次	2018 年 3 月第 1 次印刷
印　　数	1 - 5000 册
书　　号	ISBN 978 - 7 - 5464 - 1761 - 5
定　　价	26.00 元

→ 写在前面的话

读者一定会问，这么多问答的题目是从哪里来的？

说来非常有趣：

退休之后几位朋友经常玩麻将，几年以后"玩"出了一本书《东方不败论麻将》，是 2006 年成都时代出版社出版的。也许是四川打麻将的人比较多，市场反映还不错，加印了四次，在网络销售榜上还名列前茅。

五年以后应成都时代出版社要求，又写了一本《麻将里的辩证法》。责任编辑黄晓很热心，说"这个书名文绉绉的，没有卖相"，他改成了《麻将真经》。笔者知道自己有几斤几两，怎么可能写出"真经"呢？心里诚惶诚恐很长一段时间……也许正因为有了这个书名，很吸引眼球，加印了三次，还获得 2012 年全国省市级出版社图书类二等奖。

笔者以为玩一玩、乐一乐，就到此为止了。

成都市是著名的休闲城市，盛行麻将娱乐；2012 年 5 月筹建以麻将文化为主要特色的成都市棋牌协会，笔者意外地当选为副会长，理事会分工，负责主编一张小报《麻将文化研究》，开张锣鼓敲得很热闹，每月要定期印出。说是有个编辑部，实际上是我一个退休老头"大包独揽"，策划、约稿、修改、打字、发排、组版、校对、调色、收报、折叠、本市的发送等等，忙得不亦乐乎，几乎放弃了所有的休假节日，还得动员老伴和女儿当义工……

真是老夫聊发少年狂！

正因为如此，我的邮箱里经常挤满了各地发来的稿件和信件，有机会知道麻将世界里有那么多的是是非非，而且协会的职责又迫使笔者一一作出回答。这本书里的100多篇问题解答，都是在这种情况下写出来的，也可以说是麻将活动中所存在的问题"倒逼"出来的；有些发表在《麻将文化研究》上，有些发表在网络上，有些是给读者的回信。但这些内容是不是正确，心里一直是"发虚"的。

目前中国麻将的处境十分困难，由于缺乏方针政策的管理和指导，长期处于自发、自流、自变的状况，问题堆积如山——主要是文化性与赌博性的对立，这是一个是非问题，必须旗帜鲜明地回答；其次大量的问题，是关于技艺性与偶然性的见解，这些问题混沌不清、良莠驳杂，像一条被污染的河水在流淌……

因为笔者在成都生活，书中许多论述是联系成都麻将活动的情况表述的；当然，所评论的问题都是有共性的。对待认识方面的问题，笔者提倡互相尊重，畅所欲言，互相启发，不搞统一认识，更不搞思想批判，而是倡导"门内有君子，门外君子至"，"朋友偲偲，兄弟怡怡"式的自由交流；听进去就听，听不进去就不听，互相笑一笑，都是好朋友。这是聚集正能量的最佳方式。

思考麻将存在的问题，可以把人引进一个五彩缤纷的世界。

思辨麻将的是是非非，可以把人引进一个立体思维的王国。

恩格斯在《自然辩证法》中说过一句名言："思维着的精神，是地球上最美的花朵。"笔者的奢望是，当您看到这本书的时候，能够闻到一点点"花朵"的芳香。

→ 目 录

第一部分

关于麻将的定位

对麻将，爱有爱的道理，恨有恨的依据。

人们说麻将是"流落江湖的一个放荡不羁的浪人"。问题的症结是：麻将该咋定位？

1. 毛泽东是怎样评价麻将的？

50 多年前，毛泽东对麻将有很高的评价："中国对世界有三大贡献：第一是中医；第二是曹雪芹的《红楼梦》；第三是麻将。"

这段话引自天津科学技术出版社出版、盛琦所著的《方城捭阖》的"前言"里。

这段话是在什么时间、什么地点、对什么人、针对什么问题讲的，说法就不一致了；《青岛日报》所主办的《读者参考》第 210 期第 46 页上说，是出自毛泽东在杭州与罗瑞卿、江华的一次谈话。

也有的书上说，为酝酿起草新中国的第一部宪法，1953 年底，毛泽东主席带领胡乔木、田家英、江华等一行住进杭州西湖边上的浙江省第一招待所——刘庄，在休息的时候，毛泽东常常谈古论今。有一天，他说："中国对世界有三大贡献，第一是中医，第二是曹雪芹的《红楼梦》，第三是麻将牌。不要看轻了麻将……你要是会打麻将，就可以更好地了解偶然性和必然性的关系。麻将牌里有哲学……"

从此，这段话就不胫而走，飞速地传播开来……

2. 我国麻将活动的基本状况怎么样？

大约在 1998 年前后，国家体育总局有关部门曾对部分省市进行抽样调查得知，休闲娱乐麻将的人数，占参与麻将活动总人数的 93%；赌博麻将的人数占 5.4%；坚持竞技麻将活动的人数占 1.3%。至今可能有些小的变化，但"两头小，中间大"是没有变的。

3. 麻将该咋定位？

大约在一百年前，文化界就出现了对麻将定位的争辩，非常尖锐，水火不容。一方说麻将是"国粹""瑰宝"，把麻将吹得天花乱坠；一方说麻将是"国罪""鸦片"，要把麻将打入十八层地狱。这个争辩起起伏伏、断断续续一直到今天。

对一种游戏品类来说，这种争辩是很正常的。争辩是探寻真理的推动力。

如果从社会文化的发展来说，这种争辩却是非常罕见的。

笔者认为，是不是要给麻将戴上"国粹"的桂冠并不重要，对一个游艺品类也用不着去统一思想、统一认识，重要的是怎么界定麻将，笔者想从几个角度分析、探寻一下：

第一，麻将是中国人独创的一种游戏，我们拥有无可争辩的所有权。

从夏商时代的"博戏"，到唐宋时代的"叶子戏"，再到明代的"马吊牌"，至清代又演变成"默和牌""麻雀牌"、麻将牌，这种游戏里凝聚了中国人民的智慧。林语堂在《中国人之聪明》一文中赞赏说："中国人为世界最聪明之一民族，似不必多方引证。能发明麻将牌戏和九龙圈者，大概可称为聪明的民族。"

有些国家、特别是东南亚国家，经常同我们争夺一些历史文化的发明权和所有权，以增强他们国家的历史厚度和文化实力。比如端午节就争夺得沸沸扬扬。然而，没有人敢站出来说麻将牌是他们发明的，这是令我们自豪的。

第二，麻将设计极其精巧，文化内涵十分丰富。

麻将雅俗共赏，因人而异，可以玩得很低俗，也可以玩得很高雅；可以玩得很肤浅，也可以玩得很深厚。从麻将娱乐中可以领悟到许多心理学、逻辑学、数学、统计学、博弈论、统筹论、哲学的道理。盛琦教授说，麻将"具有源远流长的历史性、深邃鲜明的民族性、凝重广博的文化性、包罗万象的涵盖性、变幻莫测的技艺性、斗志斗勇的拼搏性、民俗积淀的浓郁性、奥妙无穷的趣味性、优化修养的气质性和健身益脑的实效性等诸多特点和优势……还是一项全新的科学研究专业学科"。我们从盛琦教授的概括中，可以看到麻将涵盖内容的厚重和丰富。麻将之所以能在历史的长河中生存下来，长盛不衰，主要原因是文化内涵的支撑。文化是根，没有根就没有树，就没有森林……

第三，麻将有广泛而坚实的群众基础。

任何一种游戏品类，群众接受你，你就可以生存；群众拒绝你，你就必然衰落；群众喜爱你，你就发展；群众厌弃你，你必然死亡。而麻将呢？在所有的游戏品类中，参与人数最多，是当之无愧的冠军。人是创造文化的主人，我们观察麻将定位的时候，首先要看群众是不是喜爱。麻将没有被历史的风暴摧毁，没有被岁月的尘埃湮没，主要原因是群众需要，社会需要。

第四，中国麻将正在融入世界。

目前全世界有100多个国家及地区蓬勃开展麻将娱乐活动，而且成立了世界麻将组织，揭开了在世界传播麻将文化的大幕；尤其是日本和美国，颇具规模，有麻将报纸，有麻将杂志，有麻将博物馆，有全国性的段位比赛，对麻将定位的认识也很深刻——日本作为提升国民素质的"绅士运动"加以推广；美国有的学校作为提高中、小学生数学兴趣的玩具加以提倡。

随着麻将文化交流的项目日益增多，麻将扮演"文化大使"的角色也就越来越重要。

第五，与麻将娱乐相联系的文化产业链，已经成为社会经济不可分割的一部分。

比如成都，有多少茶楼、多少农家乐、多少公园、多少俱乐部、多少会所、多少娱乐网站，没有精确统计过；还有多少棋牌制造、麻将机械制造、商业营销的单位，也没有精确统计过——如果把它们标在成都地图上，用红线连起来，一定是一张星罗棋布的大网，就像人体上的经络，是社会生态的一部分。它们对稳定社会、休闲娱乐是非常有益的。

第六，麻将娱乐目前仍处于"朝阳"阶段。

麻将的历史虽然悠久，而目前仍处于"朝阳"阶段，发展的前景是宽阔的。这真是一个奇迹！

纵观历史，成千上万种游艺品类在社会发展的风尘中枯萎、死亡了，失传了。有生有死，这是规律。而麻将经历了漫长历史，不仅没有衰老，没有没落，目前仍处于青春期。为什么？这是由人民群众在娱乐方面的价值取向决定的，是社会需要决定的。

非常有趣的是：有些历史上遗留下来的文化遗产、甚至是公认的国粹，却日趋式微；虽经政府采取许多"抢救""扶持""补贴""振兴"的措施，还是只能勉强维持，步履艰辛。而相反，麻将是在限制、冷漠、歧视的夹缝中挣扎起来的，在改革开放大潮的推动下，逐渐发展成今天的规模。

麻将前景宽阔，因为它是和休闲连体的。在先进国家和地区，休闲是神圣的，休闲业十分发达，这是社会进步的必然趋势。而我们对休闲的认识刚刚开始，休闲产业刚刚起步，将来肯定有极大的发展——麻将也必然将随之发展。欧洲人称赞麻将是"可以陪伴你一生的玩具"，是休闲中"最能启发智慧"的游艺。

写到这里不得不回答一个问题：社会上为什么有那么多人反对、仇恨、诅咒麻将，说麻将是"鸦片"，是"国罪"，是"毁我长城，贻误后代"呢？

因为麻将在一些地方异化为赌博工具，少数人的赌博恶习，给社会带来极大危害。这是人的问题，而不是麻将的问题。人们把对赌博的仇恨一股脑儿发泄到麻将身上，是个天大的冤案。"日本麻将竞技组织委员会"

委员长田边惠说："现在这个时代，把麻将看成赌博，真是落后。"社会上一些人为什么会犯如此"落后"的错误？于光远说得深刻："把赌博现象归罪于麻将，显然是人的智慧出了问题，是人的创造力还不够，是人在逃避责任。"

言归正传，麻将的定位说简单也很简单：仅仅是一种富有文化品位的娱乐和交友的一种游戏。如此而已！

4. 麻将的属性是什么？

"麻将的属性"是指麻将所具有的性质和特点。这是我们认识麻将文化的前提，认清这一点，眼前的路会豁然开阔；认不清这一点，眼前必然是迷雾茫茫……

国家体育总局在 1998 年制定的《中国麻将竞赛规则》前言里，对麻将的属性，回答得十分清楚，摘录如下：

"麻将运动不仅具有独特的游戏特点，而且具有集益智性、趣味性、博弈性于一体的运动魅力及内涵丰富、底蕴幽邃的东方文化特征，因而成为中国传统文化宝库中的一个重要组成部分。"

这段论述十分精确。可以说是麻将史上第一次提出来的一个很重要的理论概括。这里包含了麻将的定位、性质、特点及文化内涵。我们可以从中领悟到如下教益：

第一，把麻将活动称为"麻将运动"是前所未有的。也就是说，过去自兴、自衰的一种"流落江湖"的民间游戏，今后可以正式成为官方所认可的"体育运动项目"了。这是一种质变，一种历史性的飞跃，也是一种名符其实的社会品位。这对麻将的改革和建设是十分有利的，一方面必然积极消除赌博对麻将的扭曲和污染，另一方面又必然积极推进麻将朝着科学性、规范性、技艺性的方向发展。

第二，提出了麻将"具有独特的游戏特点"。其"独特"在哪里？即有益智性、趣味性、博弈性。益智性、趣味性很好理解，有益于增长智慧，有趣味使人愉快；而对"博弈性"的认识就不一样了——有朋友说"博弈性就是赌博性"这种说法就比较绝对、比较片面了。

在通常情况下，"博弈"是指下围棋，是比喻为谋取利益的竞争。在这种情况下，也有些人把博弈简称为"赌博"。

而在商品社会里兴起的博弈论就是一门新的学问了。博弈论又称为"对策论"（Game Theory），其既是现代数学的一个新分支，也是运筹学的一个重要学科。博弈论是研究具有斗争或竞争性质现象的数学理论和方法，越来越被社会各个行业重视，已经成为经济学的标准分析工具之一。据报刊、杂志介绍，博弈论在生物学、经济学、国际关系、计算机科学、政治学、军事战略和其他很多学科都有广泛的应用。

由于麻将竞技具有丰富的博弈的原理和范畴及规律，博弈很自然地成为麻将的特点，因此博弈论的知识很自然地成为麻将竞技里应用、研究的课题。

第三，由国家体育总局审定的这段精确的论述指出，麻将具有"内涵丰富、底蕴幽邃的东方文化特征"。"东方文化"一般是泛指世界东方或指整个亚洲以及非洲北部的国家和地区的文化，包括中国文化、印度文化和阿拉伯伊斯兰文化。这三大文化体系各有特点，差异也很大，但也有一些属于共性的特点。

笔者不去论述它们有什么共性的特点，而只想探讨一下：麻将中所蕴藏或体现出来的东方文化特征是什么？至少有两点是很明显的——

一是"天人合一"的理念。"天人合一"的理念，就是认为物质世界是绝对运动的；思维反映存在，所以思维也应当是不断变化的、与时俱进的；物质与人以及物质之间是和谐统一的。

"天人合一"的理念，既是中国文化对人类最大的贡献，也是中国哲学史上一个重要命题。通俗地说，在自然界中，天、地、人三者是相应的，也称"三元之道"：天有天之道，天之道在于"始万物"；地有地之道，地之道在于"生万物"；人不仅有人之道，而且人之道的作用就在于"成万物"。天、地、人三者虽各有其道，但又是相互对应、相互联系的；这不仅是一种"同与应"的关系，而且是一种内在的生成关系和实现原则——天与地之道是生成原则，人之道是实现原则，三者是辩证统一的整体。

麻将竞技中将三元之道演绎得淋漓尽致，其中包括主观与客观、必然性与偶然性、现实性与可能性的联系、转化、冲撞，以及由此而产生的演变；而且，"中、发、白"的文化内涵就是三元的内容，甚至其番名就叫"大三元""小三元"。

二是"道"的文化，道文化的核心是开发运用人的灵力。灵力，按照西方科学的说法，人有潜意识与大脑意识，这个潜意识的能力就是我们所说的灵力。

"道"的文化体现在麻将竞技中就是开发智力，增长智慧。麻将中所蕴藏的文化价值是很丰富的，可以促进逻辑思维，优化思想修养，强化意志品质，提高审美情趣，还可以活跃社交关系。

可见，麻将中所蕴藏或体现出来的东方文化特征是很鲜明很充分的。

第四，由国家体育总局审定的这段精确的论述指出，麻将是"中国传统文化宝库中的一个重要组成部分"。这是一个很有分量的理论概括，也是一个结论。

从此，我们可以理直气壮地说：

麻将是一种传统文化；

麻将是传统文化宝库中的一个重要组成部分。

这样看来，许多人把麻将称为"国粹"，也是可以的，也是名符其实的。至少，我们热爱麻将的朋友，热爱麻将文化的朋友，在这一点上要有统一的认识。认识提高了，才能站稳脚跟，理直气壮地去面对麻将中的是是非非。

5. 怎样分辨麻将的性质？

长期以来，麻将活动的性质是混沌不清的。由此而引发的争论长年累月，连绵不绝；爱麻将的人把麻将说得完美绝伦，恨麻将的人把麻将说得满身疮痍……双方都气势昂扬，讲得事实凿凿，各唱各的调，各走各的路，互不让步，互不服气。

如果冷静、客观、具体地分析一下，却是爱有爱的道理，恨有恨的理由。双方的争执常常是文不对题，以偏概全。非常遗憾的是，争辩很少触及麻将活动的性质，或者仅仅只有浮浅的、零碎的表述。

依据笔者手头仅有的资料，北京体育大学博士生导师、著名的体育社会学家卢元镇教授在 1996 年的广泛调查研究基础上，根据社会麻将活动的状况，提出了"竞技麻将""休闲麻将""赌博麻将"的概念。

应当说这是历史性的创见，中国社会麻将活动的分类从此而确定下来，成为许多人的共识：竞技麻将，是以较量技艺高低为目的的麻将活动和比赛；休闲麻将，是以亲朋邻里娱乐为目的的麻将活动和比赛（政策允许有小量钱物的输赢）；赌博麻将，是以谋取他人钱财为目的的麻将活动。

这种划分是很科学的，为分清是非、为麻将改革提供了客观依据，为麻将的发展开拓了一条宽阔的道路。

一是从此可以比较准确地了解和掌握全国麻将活动的基本情况。依据卢氏的新概念，大约在 1998 年前后，国家体育总局有关部门曾对部分省市进行抽样调查，得出统计数据：休闲娱乐麻将的人数，占参与麻将活动总人数的 93%；赌博麻将的人数占 5.4%；坚持竞技麻将活动的人数占 1.3%。

这就是我们所面对的基本情况。今后我们研究麻将的任何问题都要从这个现实出发。

二是分清了性质，也就明确了当前麻将改革的主要矛盾是文化性与赌博性的矛盾。赌博麻将占比 5.4%，这是一个很沉重、很严酷的数字！从实际情况来看，这个 5.4%，有日益扩大的趋势，必须引起高度警惕；而且必须经过自上而下、上下结合的综合治理，才能逐步改善。对我们热爱麻将的人来说，要自觉地抵制、反对、拒绝赌博麻将，必须排除赌博对麻将的扭曲和污染，麻将运动才能健康发展。

三是分清性质以后，才明白麻将改革最困难的"深区水"是引导、变革休闲麻将。休闲麻将占比 93%，但这是个"可怕的绝大多数"——休闲麻将长期处于自发状态，各行其是，规则五花八门；而且越来越"简单化"，或轻或重被赌博污染……

这个 93% 往哪个方向走，将决定麻将未来的命运。

四是对广大热爱麻将的群众来说，对麻将的爱恨之间划出了明确的界限：爱，要爱竞技麻将和休闲麻将；恨，要恨赌博麻将。这样的区分，使广大麻将爱好者容易找到共同语言，避免了过去你唱你的调、我吹我的号，"猪肉狗肉一锅煮"的乱象开始慢慢得到厘清。

五是提倡竞技麻将、引导休闲麻将、反对赌博麻将，实际上已经成为麻将改革的使命。所以国家体育总局社会体育指导中心 1998 年在其《中国麻将竞赛规则》前言中写道："我们收到了来自全国各地的广大群众的大量来信，绝大多数来信积极支持我们对麻将进行改革，这使我们对于完成'提倡竞技麻将、引导休闲麻将、反对赌博麻将，使麻将运动走上健康发展的轨道'的任务充满信心。"

总而言之，我们对麻将运动应当采取辩证唯物主义的态度，既不能不加筛选和比较，全盘接纳；也不能无视现实，不加分析地一律加以排斥。

6. 怎样认识《中国麻将竞赛规则》?

在打麻将的时候,我随意作了一个调查,发现许多麻友知道有个《中国麻将竞赛规则》,而绝大多数没有认真阅读过,理由是"我不打竞技麻将"!

笔者认为,不管你会不会打竞技麻将,只要你热爱麻将,关心麻将,希望麻将科学、健康、文明地发展,都应当认真阅读和学习《中国麻将竞赛规则》。理由如下:

第一,《中国麻将竞赛规则》是麻将历史上的里程碑。众所周知,麻将发展历史悠久,至清代末期基本定型,又延续演变至今。可以说,自其诞生以来,麻将的发展一直处于自发状态,自生、自灭、自兴、自衰,起起伏伏,跌跌宕宕,一直缺乏先进的社会意识的引导,缺乏先进的社会组织的规范;在这种社会放纵的生态环境中,自发性所带来的盲目和危害是极大的,是不言而喻的,一笔聪明、智慧、精致的文化遗产,不断地被侵蚀,被扭曲,被异化,甚至有不少的人被推进赌博的魔窟。

1996年至1998年间,国家体育总局组织专家、学者调查研究,制定了《中国麻将竞赛规则》。这是历史性的创举,也是麻将史上彩霞满天的时期。《中国麻将竞赛规则》把麻将引进了竞技体育的轨道,给麻将的发展开辟了一条阳光大道。《中国麻将竞赛规则》是一座里程碑,是今后麻将改革的指南;这是麻将历史上最耀眼的一页,应当阅读。

第二,《中国麻将竞赛规则》是我国社会文化的一笔理论财富。《中国麻将竞赛规则》制定的过程,实际上是对麻将文化理论开展了一场大讨论的过程。历史遗留下来的东西,往往是泥沙俱下,鱼龙混杂,有高低、粗细之分,有良莠、雅俗之别,必须加以选择,加以比较,扬其精华,弃其糟粕。《中国麻将竞赛规则》是这场大讨论的结晶,其理论方面的收获是非常丰富的。

比如：麻将是中国传统文化宝库中的一个重要组成部分。麻将运动的客观存在是当今中国任何人都无法回避的现实。

比如：麻将运动属于竞技体育项目，麻将运动要科学、规范、健康地发展，为社会主义精神文明建设服务。

比如：对麻将运动应当采取辩证唯物主义的态度，既不能不加筛选和比较，全盘接纳；也不能无视现实，不加分析地一律加以排斥。

比如：麻将运动确有其表现形式上的多元性，麻将与赌博没有必然联系。

比如：对麻将改革，用科学理念和严格规范，赋予麻将运动全新的文化内涵，是一个历史过程。

……

可以说，这些论述都是很科学的、很精辟的，是令人耳目一新的；热爱麻将的人应当学习这些理论。

第三，《中国麻将竞赛规则》反映了麻将运动的一些普遍规律。 这个《规则》是由社会学、体育学、体育运动管理学等多学科专家在多次调研、讨论的基础上制定出来的。其突出的特色有三点：一是体现了健康性的指导思想；二是按照现代体育运动规范了竞赛过程；三是尽可能体现了科学性，以减少偶然性对运动员的影响。毫无疑问，这个《规则》对全国的麻将活动有积极的指导、示范、影响作用。

第四，《中国麻将竞赛规则》是我们改革约定俗成规则的指南。 全国各地麻将约定俗成的规则林林总总，良莠并存，变革也从来没有停止过。但在变革中，我们不打竞技麻将没有关系，千万不要忘记要以《中国麻将竞赛规则》的精神、原则来指导我们的变革。有些完全可以采取"拿来主义"的办法，比如《中国麻将竞赛规则》中的"礼仪部分""行牌规定"和有些处罚方式，拿过来就可以使用。我们要提倡向《中国麻将竞赛规则》"靠拢""拿来""借鉴"，这是我们变革的捷径，也是进步的捷径！

笔者不会打竞技麻将，但当我第一次读到《中国麻将竞赛规则》的时候，那种情不自禁的喜悦，正如辛弃疾在诗词里写的："众里寻她千百度，蓦然回首，那人却在，灯火阑珊处。"我想您在阅读时，也会享受到这种喜悦。

7. 怎样理解麻将的两面性？

麻将具有两面性，一方面是拥有众多群众参与的娱乐活动，同时又成为少数人赌博的工具，于是社会对麻将的舆论就呈现出两极的现象：说好的，要把它捧到天上；说坏的，要把它打入地狱。

这种现象非常具有中国特色，从历史来看从来如此；从社会层面来看，几乎从上到下、各行各业也是如此……

毛泽东说过，"中国对世界有三大贡献，第一是中医，第二是曹雪芹的《红楼梦》，第三是麻将牌"。蒋介石也曾经说过，"麻将是最能表现中国人智慧的一种娱乐"。张学良活到 100 岁高龄，他笑谈长寿秘诀时，说是"一爱江山，二爱美人，三爱麻将"。还有梁启超、徐志摩、梅兰芳等都是麻坛高手。最著名的反对麻将派要数胡适先生，他大声呼吁："要像禁绝鸦片一样抛弃麻将！"

还有一种有趣的现象，憎恨麻将的同时又赞赏麻将。据报刊介绍，梁实秋说"打麻将如吸鸦片一样久而上瘾，不易戒掉"，故坚决主张"把牌和筹码以及牌桌一起蠲除，洗手不干便是"；还是这个梁实秋，又写诗描写打麻将的快乐，"手挥五弦，目送飞鸿，有如谈笑用兵。"他还在自己的寓所里练习打麻将的技巧……

我们再来看看目前社会舆论的状况。

我国休闲学学者马惠娣，几年前到成都访问，她态度鲜明地说，此次"来成都的一个使命就是为四川麻将正名"。有些报社听了兴高采烈、不惜版面突出宣扬；而有些报社则视若无睹，沉默无言……

类似的情况太多了。有份报纸发表文章，标题是《麻将三重'罪'》，内容说"麻将文化实在不值得骄傲，相反为城市文明平添三重'罪'"：一曰噪音扰民；二曰沉溺于这种娱乐方式实难言其"文明"；三曰麻将是"赌"文化。说得义正词严，理直气壮；而另一报纸则发表评论，标题是《打麻将，何罪之有?》，内容说："'打造休闲之都'，是成都提出的口号，也是目标。休闲是人的生命的一种状态，是一种成为'人'的过程。休闲不仅是寻找快乐，也是在寻找生命的意义。""麻将，只是一种游戏……让多少平民百姓感受到了生活的快乐，而快乐并不是可耻的……何罪之有?何羞之有?"说得铿锵有声，入情入理！

非常有趣的是，另有一平时发表有关打麻将的消息、通讯、特写最多的报纸，却发表"本报评论员"评论，尖锐指出"打麻将不过是一种自我麻醉。麻将说穿了是一种赌博……麻将泛滥无益于社会财富增长，从整体意义上讲，是一种人力资源的严重浪费"。

笔者就此请教一位新闻界老朋友：这家报纸对待麻将究竟持什么态度？怎样解释其报道中的这些矛盾的现象？

这位老朋友狡黠地笑一笑说："不懂了吧？这就是办报艺术。前者，主要是给群众看的，博得群众的欢心，争取订户呀！订户少了，广告必然锐减，这可是要命的事呀！后者，主要是给领导看的，政治上要站住脚呀！如果某一天领导心里不愉快，脸色一变，说你支持赌博，这也是要命的事呀！"

原来两种货色是两种用途，针对两种对象。小小的麻将游戏，居然能给社会制造如此大的难题……

领导干部的认识是两极的，报纸的舆论也是两极的，在广大群众中就更不言而喻了。有的人尖锐地说："一个躺在麻将桌上的民族必然衰败！"有人则激昂地反驳："我们这个（麻将）民族是衰落了，还是强盛了?!"

怎么认识，每个人都有自己的自由，都有自己的依据，都应当受到尊重，可以不去评论谁是谁非。

不论两种声音怎么交锋，对待麻将的态度怎么尴尬，"爱"者依然去"爱"，"恨"者依然去"恨"；或者"爱"的不"爱"而跑去"恨"了，"恨"的不"恨"而又跑去"爱"了。还有一些人的态度是这样的：领导喜欢麻将，他就跟着"爱"；领导讨厌麻将，他就跟着"恨"——领导干部调整一次，他们的态度也跟着调整一次……

无论天上风云怎么变幻，反正地球照样转，草儿照样长，麻将文化继续向各个领域渗透……

作家王蒙在其出版的《王蒙自述：我的人生哲学》中，有一段这样叙述："在人的各种各样的毛病中，在各种骂人的词中，'无趣'是一个很重的词，是一个毁灭性的词。可悲的是，无趣的人还是太多了……不哭，不笑，不问问题，不打牌，不唱歌，不幽默……"王蒙一连说了 25 个"不"，接着说："我有时甚至会偏激地想：宁做恶人，也不要做一个无趣的男人……"

中国老百姓一般都睥睨"无趣"的人，损之曰："不说，不笑，死了阎王都不要。"

打麻将，其实就是图个有趣。

无论你对麻将持什么不同的态度，绝大多数人有一点是共同的：对赌博都是深恶痛绝的。赌博不仅是一种恶习，也是一种病态反应性疾病，这是绝大多数人的共识。

值得思考的问题是，麻将不等于赌博，麻将与赌博之间没有必然联系。赌不赌博是人的问题，不是工具的罪过。

赌博是一个历史现象。而历朝历代的统治者都想方设法禁止和打击赌博。几乎每个朝代都有严格的禁止赌博的法律，比如唐朝，参与赌博的人，严重的可以被判处死刑；在明朝，赌徒被砍掉双手；在民国时期，也有非常严格的禁止赌博的法律。但尽管如此，中国社会上一直存在赌博行为，而且赌博的方式越来越多，不断翻新花样……

麻将制胜的金钥匙

有人出一道智力测验题："世界上最大的赌场在哪里？"有的说："在美国拉斯韦加斯。"有的说："在澳门葡京大酒店。"出题的人说："正确的答案是在足球场上。"中国前几年曾经掀起一场足球反赌风暴，从报刊上所揭露的情况来看，是触目惊心的。在中国甲级联赛中，赌球参与者自曝："怕留证据，赌球200万元现金是装进麻袋送去的。"德国《每日镜报》说："德国世界杯给赌博团伙带来了额外的繁荣。在世界杯比赛期间60%的网上投注是在中国和东南亚进行的……"

啰唆这么多，是想说明不能把"赌博"的恶名都推到麻将头上，"麻将"不能成为"赌博"的代名词。道理非常简单，赌博是人的意识问题，不是工具的问题。眼下赌球风靡世界，我们能禁止各类球赛吗？经常有人以扑克牌赌博，我们能把社会上的扑克牌统统烧掉吗？赛马场赌博，我们能把所有的马统统杀掉吗？

2007年6月7日，《人民网》发表一篇文章是这样说的："麻将是正宗的国粹。""麻将运动在我国城乡更是普遍，流行范围涉及到社会各个阶层、各个领域，已经进入到千家万户，成为我国最具规模和影响力的智力体育活动。麻将运动的客观存在是当今中国任何人都无法回避的现实……一味地禁止有着群众基础的娱乐活动，而不去为老百姓的文化生活着想，到了该抛弃这种思想的时候了。"

这是非常客观、非常公正的见解。我们不能干出煮鹤焚琴的蠢事来；这种事情历史上出现很多，特别在极左思潮泛滥成灾的年代，我们干的这类蠢事还少吗？

麻将仅仅是一种智慧竞技的娱乐工具，或者说是一项斗智斗勇的竞技运动。我们不能因噎废食，正如马克思说过的：倒洗澡水的时候，不能把洗澡盆中的婴儿也一同倒掉。

有位哲学老人曾经讲过这样的话："真理是相对的，具体的。真理都有自己适用的条件和范围，如果超出了这些条件和范围，只要向前再迈进一小步，仿佛向同一个方向迈进的一小步，真理便会变成谬误。"

然而在现实生活中，有许多人偏偏喜欢超出真理所适用的范围再向前迈出一步、甚至再迈出一步……

8. 现代科技对麻将有什么影响？

科学技术的进步是推动人类社会向前发展的强劲动力，是国家经济发展的坚实基础，更是民族独立自主的重要保证和兴旺发达的主要标志，同时也是改善和提高人民生活的有力措施。我们在研究麻将文化的时候，应当看到现代科技对麻将运动的影响，这是情理之中的事情。

纵观麻将发展的历史，从宋代开始，叶子戏逐渐演变为"骨牌"；随着"骨牌"形态的变化，就开始了用手"搓"了；直到晚清形成麻将，人们都说是"搓麻"或者"搓麻将"而不说"打麻将"——因为玩麻将离不开这个"搓"字了。

笔者第一次听到自动麻将机是 1982 年秋天。一位朋友访问日本归来，对我说日本人发明了自动麻将机，机器能自动搓牌、洗牌，然后把垒好的牌送到你面前……当时我仿佛在听一个神话，第一个反应是不可能有这种事情，我无论怎么思索，也想不通其中的奥妙……

成都最初的自动麻将机，设置在几家五星级酒店中，十分耀眼，显尽豪华，高不可攀。谁也没有料到，短短二十多年后，现在自动麻将机已经遍布城乡，甚至进入寻常百姓家了；而且自动麻将机日新月异，型号众多，功能齐全，有轻便型，有取暖型，还有折叠型，既实用又美观，设计也更富有东方文化色彩……

自动麻将机促使麻将运动发生了如下质的变化：

一是摆脱了漫长的"手搓"的历史；

二是提高了效率，节约了时间，适应了现代生活的节奏；

三是吸引更多的人、尤其是青年参加麻将娱乐。

麻将制胜的金钥匙

自动麻将机让群众广泛地享受到了现代科技的发展成果。

更出人意料的是，几乎是同时，互联网也在无限地扩张，以迅雷不及掩耳之势，占据了社会所有的领域，使社会生活发生了极其深刻的变化，重塑了人类交流的方式，同时也改变了社会的休闲方式和娱乐方式。

互联网上的游戏项目如雨后春笋般发展起来，已经成为社会产业，成为人们社会文化生活不可缺少的组成部分，其中就包括形形色色的麻将娱乐。

互联网促使麻将运动又产生了一个质的飞跃：

一是观念上的巨变。互联网呈现给你一个近乎完美的虚拟世界。在这个虚拟世界里你可以完成在现实生活中需要完成的事情，比如，想什么时间玩麻将，就可以立即实现，再也不会"三缺一"。

二是极大地拉近了你同世界的距离。同世界各地的联系、即便是在大洋彼岸，也可以在瞬间完成，简单到只需要点一下鼠标。有一次我在网上打麻将，忽然身后传来在新西兰工作的孙儿的声音："爷爷手气好啊！清一色！"我连忙回头寻找，没有人影。孙儿打开视频笑笑对我说："我站在您背后看很久了。"

真是神奇，世界没有距离感了！

三是极大地扩大了参与麻将娱乐的人数。现在许多麻将大赛的海选阶段几乎都在网络的平台进行，不仅节约了大量的社会资源，而且效率很高。

互联网重塑了人类交流的方式，包括政府运作和企业经营的方式，同时也改变了人的生活方式。

当然，任何新生事物的出现，都会相应带来许多需要解决、协调的问题，这是新旧交替的规律。比如网上的非法信息，就损害了网络媒体的公信力，扰乱了正常的传播秩序。

现代科技的发展对麻将运动影响是很大的。怎样认识、适应这个崭新的形势，趋利避害，推动麻将运动更科学、更健康、更文明地向前发展，是应当认真对待的一个问题。

我们正面临着一个前所未有的历史机遇，不要漠不关心，而要满腔热情迎接、研究、适应，使麻将这个古老的游戏绽放出更加鲜艳的花朵！

9.　麻将与休闲是什么关系?

成都人之爱麻将，是很有名气的；成都人会享受休闲，也是很有名气的。

麻将与休闲的关系，是一种共存共荣的关系。可以这样说，休闲是一种文化氛围和环境，麻将则是这种氛围和环境抚育生长出来的"庄稼"。

成都麻将规则的改革，特别是推广点炮"承包制"和"血战到底"，是比较合情合理的改革，也可以说是四川麻将史上精彩的一笔，使麻将娱乐演变得既丰富多彩又充满变数，既提高效率又悬念迭出，从而吸引了更多的人参加到麻将娱乐中来。当然，相对而言，对一种地方麻将约定俗成的规则来说，改革之路还很长。

在有些人眼里，休闲的城市仿佛就是一个慢慢悠悠、懒懒散散、不思进取，只知道吃喝玩乐的城市；成都这座休闲城市里的人，只知道"吃点麻辣烫，看点小录像，打点小麻将"，沉溺在无聊的茶馆里。其实这种看法是不对的。

实际上，成都市是一座锐意进取的城市，成都人的创新意识是很强的，在历史上创造过许多辉煌的"第一"；在改革开放的几十年里，也创造了许多辉煌的"第一"。成都是一座充满生机的城市，同时又是一座富裕、祥和、安定的城市，只有生活在这种环境中才会懂得休闲，才有可能享受休闲。

有人认为"休闲"是从外国引进来的。其实，中国自古就有关于"休闲"的论述和实践。

休闲是我国一种古老的哲学："休"，指吉祥；"闲"，指道德。广泛一点说，"休"，指休养、吉庆、欢乐；"闲"，指闲适、恬淡、优雅。休闲是一种生存状态、一种生活方式、一种人生境界。现在休闲已经不只是"少数人的特权"，而是大众化的普遍行为。试想，处在一个极端贫困、动荡无序状态的环境中，人们能有休闲的心态和休闲的生活方式吗？只有在一个稳定、富裕、和谐、不断创新的环境里，人们才能获得休闲、享受休闲……

懂得休闲，是一种人生的智慧。过去我们所知道的"休闲"，是繁忙工作之后消除疲劳的一种手段；后来随着社会的进步、生产力的发展，才渐渐悟到工作是手段，而休闲才是目的，而且休闲最能体现出生活最真实的品质和状态。目前我们的休闲产业已经包括吃、穿、住、行以及视、听、用等各个方面，而且成为人们普遍的追求。

休闲产业的发展和麻将产业的发展也是互相推动、共生共荣的。休闲产业与麻将娱乐相联系而开创出的文化产业链，已经成为社会经济不可分割的一部分。

麻将前景宽阔，因为它是和休闲连体的。休闲产业越来越发达，是社会进步的必然趋势。欧洲人称赞麻将是"可以陪伴你一生的玩具"，是休闲中"最能启发智慧"的游艺。麻将必将随着休闲业的发展而兴盛，这是必然的趋势。

10. 怎样界定赌博与休闲麻将的关系？

赌博与休闲麻将的关系，多年来人们议论纷纷，见仁见智。如果笼统地议论一下，大体上都是明白的；如果要具体地区别，细致地定性，重重疑问就跑出来了——过去如此，现在依然是公说公有理、婆说婆有理。

大家很关注的是赌博的界定与麻将的走向。

一般来说，赌博就是用斗牌、掷色子、打扑克等形式，拿财物做注比输赢，形式很多，内容也庞杂，是历史遗留下来的恶习。从社会行政管理来说，像地下赌场、聚众豪赌，政府会铲除社会公害，坚决取缔、打击、判刑，群众对之是无不拍手称快的。

这是大的界限，而有些似赌博又似娱乐，往往就很难界定了。

报载，一名警察进一居民家抓赌，说"有人举报你们聚众赌博"。主人惊诧："我们是亲朋好友在打牌娱乐。"警察又问："一把输赢多少钱？"主人答："五元。五、幺、二、四。"警察说："这就是赌博！"警察把主人带到派出所。所长询问后说："这是娱乐，没事，回去吧！"类似的事情较多，但有人说这当然是娱乐，也有人说这肯定是赌博。

这方面最权威的说法，应当是"两高"（中华人民共和国最高人民法院和最高人民检察院的简称）2005 年 5 月出台的《关于办理赌博刑事案件具体应用法律若干问题的解释》。在"两高"的司法解释中，除了明确聚众赌博的具体表现，规定网络赌博、境外赌博等危害严重的赌博犯罪的法律适用之外，其中有一条规定很引人注目："不以营利为目的，进行带有少量财物输赢的娱乐活动，以及提供棋牌室等娱乐场所只收取正常的场所和服务费用的经营行为等，不以赌博论处。"

"两高"的法律解释，一方面强调了对严重赌博犯罪的打击，一方面又明确了"带有少量财物输赢"的是娱乐性质。这是立足于传统与国情，综合考量各种因素，应对赌博违法犯罪活动的一项政策，深得民心。

在这个前提下，休闲麻将活动的走向就值得关注了。

第一，对"两高"法律解释的积极意义——有效、准确地打击赌博行为，这是明确无疑的；而对"带有少量财物输赢的娱乐活动"就议论纷纷了。

为什么不规定一个数额呢？"少量"是多少？

我们从新闻媒体上得知，有关部门的专家反复讨论过"少量"是多少，但反复论证很难得出一个科学的结果，规定一个数额标准是比较困难的。什么原因呢？其原因就在于每个地区、每个公民，对于数额的承受度和容忍度都是不同的。

其实，我们用不着在这个问题上钻"角牛尖"，而是应当从整体上认识"两高"法律解释的积极意义。禁赌政策是全局性的，不可能只抓大赌，而任由小赌泛滥成灾，因为后者的后果，必然会是冲毁社会的道德底线和价值体系，大赌的滋生正是基于这些小赌的存在及其发展之果。

笔者的理解是，"少量"就是提倡健康娱乐，不要滑向赌博。热爱麻将的人，最好是打竞技麻将，不输赢钱财；如果打休闲麻将，一定要坚持娱乐，坚持"少量"，也就是至多只允许带"小彩"，而不要理解为"少量"就是开放小赌，小赌可以任意泛滥——这样认识走向就错了！

第二，"两高"法律解释中，对众多棋牌室的界定也是清楚的，即"提供棋牌室等娱乐场所只收取正常的场所和服务费用的经营行为等，不以赌博论处"。

但是，在实际生活中，一些棋牌室打着正常娱乐的招牌，而逐渐异化为赌博室的现象是存在的。一些棋牌室打擦边球，白天是娱乐，晚上是赌博，在表面合法形式的掩盖下从事非法活动或者对顾客的赌博行为睁一只眼闭一只眼，默许放任。我们知道赌博具有扩张性、传染性、顽固性的特点，就像一条没有治理的阴沟，污水会四处漫溢……

这种现实给热爱麻将的人们提出一个问题：注意你的走向，要走正道，不要失去警惕、一不小心走进岔道。社会上流传一句话"小赌怡情"，但须知"小赌怡情"与赌博之间并没有一条不可逾越的鸿沟。打麻将的人要有很强的自制力，千万不要掉进赌博的旋涡；即使掉进去，也要赶快爬上来，否则就有滑进"大赌乱性"深渊的危险。

比如成都周边一些地区流行的只有 10 张手牌的"缺、断、根"麻将规则，还有所谓的"擦挂""买码"等等，筹码皆较大，就含有明显的赌博倾向，其中有些已经异化为赌博的行为，这种冲破法律底线的现象，是很危险的。

我们要旗帜鲜明地拒绝赌博。打休闲麻将的朋友千万不要忘记，不是经过自己辛勤劳动挣来的钱，永远是别人的钱；赌博场上赢来的钱永远是个魔鬼，这个魔鬼总有一天会把你吞噬掉。事实上，被吞噬掉的悲剧还少吗？

11．打麻将低俗吗？

有一名女青年，多次劝自己的男朋友不要打麻将了。她说："那些卖菜的、擦皮鞋的都会玩儿的麻将，有什么意思？太低俗了。打桥牌、下围棋多高雅。"

她还对男朋友讲了个笑话：一姑娘找对象，若是会打高尔夫球的，她就答"好极了"；若是会打网球的，她就答"考虑一下"；若是会打麻将的，姑娘则只哼了一声说"爬！"

打麻将低俗吗？

低俗不低俗，是人的道德修养问题，与职业无关。一般来说，不论你从事什么职业，可以做得很崇高，也可以做得很低俗。医师的职业是高尚的、圣洁的，而有的则收红包、推销药品，败坏"白衣天使"的美誉。台湾有位卖菜的大婶，数十年如一日，把赚来的钱帮助贫穷儿童，受到世界人民的敬重，她被《世界》杂志作为封面人物登载出来。

高雅不高雅，是人的意识、品位问题，与游戏工具无关。不论你玩什么游戏，可以玩得很高雅，也可以玩得很低俗。赛马是为世界所公认的高雅、文明、尊贵的游戏，然而少数人却用以贪婪下赌注。

至于卖菜的、擦皮鞋的都会玩的麻将，这是值得高兴的事情。在清代，麻将是宫廷里的玩物，只有皇公贵族才有资格打麻将。而现在卖菜的、擦皮鞋的都会玩麻将咯，说明什么呢？

一是说明时代的变化，过去专属贵族老爷们的娱乐，现在普通老百姓也可以享受了。正像过去休闲是社会上层人物的专利，社会底层的老百姓无缘休闲，只是伺候上流社会的奴隶；而如今卖菜的、擦皮鞋的也可以休闲了，当然是应当高兴的事情。

二是说明麻将的普及是非常广泛的。任何一种游戏品类，是不是有生命力，是不是可以持续发展下去，以什么标准来衡量呢？只要看一看是普及还是萎缩就明白了。普及说明社会需要，社会需要就必然推动其发展；萎缩说明衰败，衰败就必然走向死亡。

三是说明麻将的魅力是很吸引人的。很少游戏品类像麻将如此吸引人，雅俗共赏，老少皆宜。从国家政要到普通百姓，从大学教授到文盲老粗，从商贾富人到一般群众，从耄耋老人到青年学子，都有麻将爱好者；这不是偶然现象，而是麻将所蕴藏的文化内涵的魅力吸引了人们的兴趣。

所以是不是低俗，是人的素养决定的，而不是麻将带来的。

但上面那女青年所提出的问题，却是应当深思的。在现实生活中，在麻将娱乐场所，那些低俗的现象确是很突出的，甚至是很让人揪心的，如衣冠不整、随地吐痰、任意抽烟、大声喧哗、恶语伤人、行为粗野等等。

这些低俗的表现，正在给文明礼仪泼洒污水，正在伤害麻将的声誉……

12. 怎样认识"老千"？

打麻将的人，几乎都知道"老千"这个词，大体上也知道"老千"就是指弄虚作假、骗人坑人的意思。所以谈到"老千"，人们大都是鄙弃、蔑视和不屑的。

国外有没有"老千"，说不清楚，从外国电影上看好像也是有的。

在我国港、澳、台地区的赌博场所里，"老千"依然是很活跃的，新闻媒体上也常有关于他们的传奇故事。

关于"老千"的由来，说法很多：

一说《孙子兵法》云"兵者诡道"，孙子是后世"老千"们的开山祖师；二说清代一秀才进京赶考，途中被强盗抢劫一空，走头无路，乃去县衙门欺骗县太爷，说自己是某高官的亲戚，得逞后便以欺诈骗取为职业，其徒子、徒孙被称为"老千"；三说过去马吊牌中一张叫"老千"，后来改为红中，这便是"老千"的由来；四说过去有个麻将高手姓千，人们把聪明绝顶的牌手称为"老千"……

缘由不同，角度不同，说法也不同，但其几乎多是推断猜想，逻辑、概念也不对，没有可靠可信的依据。这些可以不去深究，让有兴趣的人去求证吧！

有人说："千术就是魔术。"这显然是不对的。魔术是杂技艺术中的一个门类；魔术演员给观众带来的是智慧和欢乐，而"老千"则是通过骗术去坑害别人甚至造成别人倾家荡产。常见的是，"老千"的"千"术中使用了一些魔术里的手法、指法或一些道具中的"门子"。但两者本质不同，不容混同！

过去听老人说过。"老千"也不是从天上掉下来的，是赌场里恶劣的土壤、空气、水分繁殖长出来的一株毒菌。"老千"们年轻聪明，头脑灵活，动作敏捷，长期在赌场里厮混、滚打、拼杀，练出一手欺骗、蒙蔽对手的绝活，如什么"无影抓底""单手偷顶""乱中还原""内外逢迎""三仙论道""西鬼出门"等等，可以说"老千"们在赌博过程中的每一个环节上都可以做手脚，其戒指、烟盒、名片盒、眼镜、手机、纸巾等都是行骗的道具，甚至墙角的衣架、墙上的壁画和壁灯上都有其特制的窥视的"门子"。

赌场是个布满陷阱的魔窟，"坑""蒙""拐""骗"无所不用其极。

无知的赌徒走进赌场，肯定会像一只蜘蛛爬进由"老千"们特制的魔网，没有一个能逃脱被吞噬的命运。

"老千"有传统的等级。其老大并不经常出面，只在有"大生意"、有

"老庄"需要的时候才披挂上阵；低等级的"老千"则在赌场中长期以"帮庄"为生。

赌场里的"庄"有多种：一种是放高利贷的，是赌场的靠山；一种是长期豪赌的主户，是赌场的顶梁柱；多数是流水赌客，也叫"活庄"。赌资有大有小，赌时可长可短。无论什么样的"庄"家，在"老千"眼里都是"老爷"；至于其怎么伺候这帮"庄老爷"，具体的方式就不同了。

对前两类"老庄"，"老千"们毕恭毕敬，不敢有丝毫怠慢；对"活庄"，则在帮"庄"的过程中，施展各种手脚，既要帮庄主赢到钱，也要帮自己朋友赢到钱，同时自己也要"饱食一顿"。帮完"庄"回到自己家里，"老千"们就把藏在自己帽子里、衣领里、口袋里、袜子里、鞋子里、雨伞里、烟盒里和眼镜盒里的钱取出来，堆在桌子上，这是"老千"们最得意、最快乐的时刻……

赌场多半是同社会黑帮结成伙的。"庄家"也要靠黑帮来保护。这样，"老千"必然成为黑帮的孪生兄弟。否则其无法生活下去。这也决定了"老千"的悲惨的社会命运，几乎没有人能够逃脱。

在旧社会流行一句话："赌博是赌财，'老千'是赌命。"

实际上，"老千"像赌场里所豢养的一个奴仆，没有使用价值的时候，必然被无情地抛弃，落个家破人亡、身败名裂的下场——因为其职业就是欺骗人、坑害人，"多行不义必自毙"，其结果往往是有的被仇家"做掉"或者被砍去双腿、砍去双手……

也有幡然悔悟的。在经历了人生苦难以后，有的"老千"在媒体上现身说法，揭露赌场的种种骗术；有的建立了戒赌所，成为"戒赌斗士"，教育青年分清是非，摆脱赌博的恶习，不要陷进骗阱。

这需要勇气，也是"老千"们对社会的贡献，应当受到尊重。

13. 怎样理解"麻将牌值无大小"?

打麻将让人最感兴趣的是每张牌的"值"。

"值"就是每一张牌的意义有多大,价值是多少。麻将牌的设计极其奇妙,同其他游戏规则相比,具有一种颠复性的变革。

其他游戏规则的主要特色是以大压小、以大吃小来计算胜负。能压倒对方、吃掉对方、杀死对方就是胜利。象棋、扑克、牌九、斗地主等都是如此。而麻将每一张牌的"值"都是一样的、平等的。九筒、九万、九条并不比一筒、一万、一条高贵。

麻将每一张牌的"值"在没有开牌之前,不论牌面上是什么符号,都没有任何意义和价值。它的意义和价值只有在行牌过程中、在众多的番种中绽放出来。比如五万、五条、五筒,在平和中的"值"是很一般的;而如果番种中有"卡心五","值"立即翻一番。比如一万、一条、一筒,在一般情况下,是边张、先舍弃的对象,几乎没有什么价值;而如果要做带幺高番、要做"十三烂",这时边张的价值立即绽放出来。

所有的牌,只要离开番种,都是"平头老百姓",可能是个不起眼的小卒;而只要戴上番种的桂冠,立即摇身一变可能成为皇亲贵族,也可能成为驰骋疆场、耀武扬威的将军。

一盘牌结束,每张牌又变成了平头老百姓;一盘牌重新开始,每张牌又摇身一变,成为另外的角色登上舞台。这种奇异的变化、美妙的绽放、永不重复的新鲜感,可能就是令众人折服的缘由。

更让人感兴趣的是把胜利说成是"和了",凸显出了中华民族文化的精髓。

我们的老祖宗真聪明,能创造出如此独特、如此新颖、如此高超的麻将!

14．为什么说麻将是提高直觉能力的教师？

什么叫"直觉"？一般说来，就是指人对客观事物直观的最初的一种感觉。这种感觉是肤浅的，是没有通过充分逻辑推理的一种感性认识。

在现实生活中，每个人的这种直觉能力的差别很大。有些人聪明、敏锐，有些人木讷、迟钝。这种差别有先天的遗传，也有后天的原因。聪明人的直觉都是在已获得的知识和积累的经验的基础上得出的理性认识。这说起来有些抽象，不太好理解，笔者就讲两个真实的故事吧。

多年以前，成都市春熙路第一人民医院，每天门诊病人很多，过道里的条椅上，坐得满满的，都在等待就诊。这时会有一位很慈祥的老护士长在过道里来回走动，眼睛在病人脸上扫来扫去，时而她会对一个病人说"跟我来，你先看"；有时院子里抬进来一位病人，她会走过去掀开被单一看说："不要挂号了，赶快抬进急症室！"——被她点到的病人，都是必须在"黄金一小时""铂金十分钟"内及时抢救的。她那惊人的直觉能力，挽救了许多人的生命。

笔者有一次出差，一位朋友送我到火车站。他在公安部门工作，刚进售票大厅，他说："今天小偷怎会这么多？"我问："在哪儿？"他用眼色一个一个地指给我看。笔者很吃惊……

他们的这种直觉能力，就是在长期积累知识、积累经验的基础上形成的。

打麻将不仅需要直觉能力，而且可以培养直觉能力。

拿到手的 13 张底牌，全靠手气。有人只须扫上一眼，心里就有了这盘牌应当怎样打的构想；而有些人则左思右想、犹犹豫豫，老是喃喃自语"怎么打嘛！怎么打嘛！"，这就是直觉能力的差别。随着熟练程度的增加、经验的积累，这种差别也就缩小了。

为什么说打麻将可以培养直觉能力呢？

打麻将所面对的牌势是永不重复的、波诡云谲的、瞬息万变的。要应对这种奇妙、快速、复杂、甚至是幻觉般的形势，必须调动你的全部智能：不断地去分析，去判断，去构想，去取舍，去制约对手，去回避风险……

可以这样说，在行牌过程中，每时每刻都在考验你的"瞬间判断"能力。这种"瞬间判断"能力，就是直觉能力。

所以，打麻将可以说是一种大脑体操，或者说是锻炼思维能力的体操。经过成成败败、对对错错、得得失失、取取舍舍的磨练，思维方式会更科学、更敏锐、更清晰，直觉能力自然而然也就提高了。

麻将，是提高直觉能力的教师。

15. "中、发、白"的文化内涵是什么?

麻将里有红中、发财、白板，合而简称"中、发、白"。竞技麻将保留了这三种牌，可以和大三元、小三元。中、发、白又称"箭牌"，可以和箭刻、双箭刻、双暗刻。

成都麻将取消了这三种牌，一些老年麻友常常感到很惋惜。保留也好，取消也好，暂时不去评说。想说的是，这三种牌许多人对之兴趣非常浓厚，是牌桌上经常津津乐道的话题。

议论最多的是中、发、白包含的意思是什么？答案很多，莫衷一是——

有人从麻将的起源说起，认为在江苏太仓因为每年麻雀吃食而损失了不少粮食，用火药枪打鸟，"中"表示打中了麻雀，所以为红色；而"白"为白板，意思为没打中，空白地打了一枪；而"发"即发放赏金。

有人认为麻将基本张数为108张，代表着水浒里的108位好汉，他们来自四面八方，什么阶层都有；"中、发、白"即是说这些人有的是中产阶级，有的是高官贵族，有的则是白丁出身。

还有一种说法：中的意思是"高中"，中状元之"中"，"中"了官；"发"，代表发财，有"奉禄"了，用绿色；"白"代表寿，如寿星南极仙翁就是满头白发、满口白胡子的形象。

也有人开玩笑而调侃地说：这个问题简单，"中"就是中了个大奖，"发"即发了笔横财，"白"即娶了个白白胖胖的媳妇！

有研究麻将文化的专家认为，"中"象征大地中心；"发"寓意发源、发祥、发展；"白"表示洁净、空白，又有"似无却有，似有却无"的蕴意。似乎正如古代哲人公孙龙所说："物莫非指，而指非指"的意境和哲理。笔者认为这种阐释比较靠谱，揭示出了麻将所蕴藏的文化内涵，是很有道理的。

最近同一位大学教授喝茶聊天，因为他酷爱麻将，又聊到了这个话题。他出人意料地问道："中、发、白和牌的番名叫什么？"

笔者回答："大三元。"

教授哈哈一笑道："大三元就是答案，也就是中、发、白的文化内涵。"

笔者连忙以茶代酒敬上一杯，请他多多指教。他几乎没有思索地说：

"白"是指天，白天，大天白日；"白"指太阳，"白日依山尽，黄河入海流"。

"发"是指地。地无私载，发育万物，"地不语而百物生"；大地的衣裳是绿色的，"绿遍山原白满川"。

"白"是指天，"发"是指地，"中"必然就是指人了。

什么叫"大三元"？"大三元"是指天、地、人，这是人类生存、发展的本源。人，生长于天地之间，下立足于"地"，上敬奉于"天"，在"天地"之间休养生息，必然是"中"字。"中"字一"口"是指人，中间一竖，气势顶天立地。

如今若有人再问我"中、发、白"到底所包含的是什么意思，笔者只能回答：您自己展开思维的翅膀，去思索、去选择、去理解吧！

笔者只想说，我们的老祖宗真聪明，真智慧，玩也玩得很有学问！世界上去哪儿找呀！

16. 是"杠"还是"岗"？

打麻将的人都知道番种中"杠"的术语。由国家体育总局制定的《中国麻将竞赛规则》番种中，用的术语有"杠""明杠""暗杠""三杠""四杠""双暗杠""双明杠""杠上开花""抢杠和"等。

而有麻将文化学者严肃指出，这是个错别字，应当是"岗"而不是"杠"。

究竟是"杠"还是"岗"呢？

我们知道"杠"的本意是指较粗的棍子，古时说"杠"指旗杆。也说"杠梁"，指木桥。后来"杠"字与生活中事物的联系越来越多，比如画出红色杠杠、金色杠杠代表吉利；又比如少先队的肩章用一杠、二杠、三杠来代表职务的大小。解放军军官的肩章也用金色的杠子来代表军衔的高低。

笔者没有考证过麻将什么年代开始使用"杠"字。现在使用的"杠"字，就有"增加一杠"，"提升一级"的意思。如果可以这样理解，麻将番种使用"杠"字，是比较贴切的。

使用"岗"字也是讲得通的。"山岗"指平地上凸起的丘陵。"岗楼"，指一片平房中矗立的建筑。有些地方说"岗尖儿"，是指极多、极满、极好的意思。有些地方说"岗口儿甜"，是指很甜很甜的意思。使用最多的是"岗位"，泛指职位。比如有些单位的职务叫一岗、二岗、三岗、四岗、五岗、六岗、七岗、八岗、九岗、十岗；一岗最低，十岗最高。那么"开岗"或者"加岗"也包含有"提升一级，增加福利"的意思，所以麻将番种中使用"岗"字，也是非常贴切的。

"杠"和"岗"都包含有凸出、提升、增值、喜庆的意思。看来使用"杠"和"岗"都是很靠谱的。

在日常麻将娱乐中，即是使用"杠"字，也有许多说法。比如一位机械工程师认为，"杠"就是"杠杆"的意思，在行牌过程中"开杠"，就是找到了一个新的支点、新的平衡，跨上一个新台阶，这才是"杠"的科学解释！

有一位妇产科医师又这样说："开杠"是什么？是妇产科使用的测孕试纸上出现了"红杠"，说明你怀孕了！为什么"开杠"那么高兴？有喜了呗！

你看，麻将娱乐中的趣味是多么丰富啊！

回到正题。笔者认为使用"开杠"和"加岗"都是对的。麻将语言缺乏规范，目前在各地约定俗成的规则中有许多这样的事例。

目前我们用"杠"还是用"岗"呢？

想用"杠"就用"杠"，想用"岗"就用"岗"。但要注意的是大多数人是用"杠"，不习惯用"岗"，许多人不知道"岗"是什么意思。

既然国家体育总局所制定的《中国麻将竞赛规则》用的是"杠"，而且大家已经习以为常用了，还是"从众"吧！

17. 是"和"还是"胡"？

打麻将是要和牌的。但对这"和牌"，有人说是"和"了，有人说是"胡"了。

目前在一些报刊中、电视解说词中、网络游戏项目中，常常用"胡"字；甚至有的麻将书中，也用"胡"字而不用"和"字。

有些朋友开玩笑说，麻将到底是姓"和"，还是姓"胡"？

从人的姓氏而言，有人姓"胡"，也有人姓"和"。但对麻将来说，却只能是"和"而不能是"胡"。——须知，"和"是个多音字，用在麻将"和牌"上，"和"就念音"hú"！

我们的老祖宗发明麻将用"和"字，是很讲究的。

在汉语中"和"的词义非常丰厚。首先"和"是中国哲学中一个很重要的概念，用现在的话说就是：

一是和谐，阴阳矛盾双方对立中的统一，促成一个多样性的统一体或对立面的和合体；

二是调和，使不同的因素相协调相和解，维系着不同事物间的有序运转；

三是中和，强调"适度中节""以他平他"，有制衡的动态功效；

四是和合，强调"天人合一"与"阴阳之序"，是变易的矛盾双方运动转化的目标与归宿，相反相成、相竞相用的结果合归于新的统一体。

2008 年北京奥运会开幕式上，我们宣扬中华文化，就突出了一个"和"字，从篆体到宋体，以生动的画面来表现"和"字的转换，给中外观众留下了深刻的印象。

其实，在社会变革、发展中，在我们生活体验中，都十分珍爱一个"和"字，"和"都与我们生活息息相关的，亦不乏懂得"和"字的重要的体现：时和年丰，政清人和，时和年稔，和衷共济，情投意合（和）……

"和"字是中华民族文化中的精髓。

"和"字最能体现出麻将竞技中的文化价值。

18. 怎样认识流传于网上的《麻坛八荣八耻》?

《麻坛八荣八耻》在网上已经流传很久了，总的印象是不大严肃，概念混乱，牵强附会，缺乏推敲。

第一，架势很大，没有出处。《麻坛八荣八耻》的开头这样写道："为规范和整顿麻坛纪律，打击麻坛的不正之风，促进社会和谐发展，经麻协委批准，颁布'八荣八耻'。"

不知道这个似乎很有权势的"麻协委"是什么地方的"麻协委"。一般说来，"整顿""打击""批准""颁布"都是政府文告的语言，而不是"麻协委"的语言，故其给人一种虚张声势的感觉。

第二，有些内容把不同范畴、不同性质的概念混淆在一起了。比如其中有一条是"以大牌开杠为荣，以下听和胡为耻"。"荣"与"耻"是评价道德操行的语汇：你做了很道德的事情，就很荣耀，无上荣光，应当得到荣誉；你做了违背道德的事情，就会被人耻笑，当承受莫大的耻辱。

而打麻将"赢大和"或者"赢小和"，是麻将常用的两个术语，开杠也是一个番种。赢大和、赢小和、开杠，都是牌手依据客观情况而努力争取来的，赢大和或者赢小和都很重要。正如谚语说的"和牌无高番，只是空喜欢；和牌有高番，一步一层天""小牌紧难，筹码成堆""暗杠一枝花，明杠看三家"。会打麻将的人都懂，大和、小和、开杠只有分值的区别，相对来说，重要性都是一样的。

赢大和或者赢小和，不存在道德方面的问题，与"荣"与"耻"是风马牛不相及的。把两类不同范畴、不同性质的概念混淆在一起是错误的。

比如"以主动联系为荣，以等待联系为耻"。朋友之间互相邀约打麻将，主动联系与等待联系都是很正常的，不涉及道德问题，与"荣"与"耻"也没有关系。

同样"以准时到场为荣，以拖延时间为耻"，也不应该上纲上线到"荣"与"耻"的道德高度。准时到场是个好习惯，迟到是个坏习惯。如果是老年朋友相邀打牌，有时迟到是有许多客观原因的，应当谅解和宽容。如果是正规比赛或国际大赛是不能迟到的，那是违规行为。要具体问题具体分析，不要乱扣帽子。

再比如"以不上厕所为荣，以入厕盘点为耻"。"以不上厕所为荣，"是完全错误的。上不上厕所是由一个人的健康状况和生活习惯决定的。而且医学专家反复强调，憋尿是个坏习惯，会引发出一系列的疾病。"以入厕盘点为耻"，其"盘点"是什么意思？即使是指计算一下自己的输赢情况，也不能是"耻"。

在一般情况下，在休闲麻将的圈子里，说"可耻"的是两件事：一是贪财赌博，二是故意作弊。

第三，顺便指出，在麻将术语中，只能是"和"牌而不是"胡"牌，用"胡"字是错误的。

第四，网上类似《麻坛八荣八耻》的文字还有不少，编写的出发点可能都是好的，但是内容和文字都比较平庸，甚至牵强附会，粗制滥造。

19. 欧洲麻将锦标赛带来什么思考？

谁也没有料到，2014 年 7 月 4－6 三天，在法国斯特拉斯堡举行的欧洲第五届麻将锦标赛，会在国内引发出一场不大不小的风波——"吐槽大瀑布"，而且至今也没有停息，是人们茶余饭后兴趣甚浓的龙门阵。

在参加这次比赛的 19 个国家和地区的 204 名选手、51 支队伍中，欧日联队获得了团体冠军，日本夺得了个人第一名，德国取得个人第二名；而中国代表队仅团体成绩第三十七名，个人最好成绩也仅为第三十名。

消息传来，一片哗然，邮箱爆满，各种信息蜂拥而至，有些麻友情绪

麻将制胜的金钥匙

几乎到了义愤填膺的程度。请看一些信息的题目："难堪啊！狼狈啊！""兵败法国！折戟法国！""中国麻将遭遇滑铁卢！""中国麻将在法国翻船！""麻将是我们的'国技'，怎么能和国足一样玩不过外国人了呢？""羽球丢冠我能忍，足、篮被虐我能忍，麻将国粹被老外践踏我忍不了！""这比国足 1：5 输给泰国还耻辱！""怎么派些大妈去比赛？谁批准的？"……

笔者原以为这场"吐槽大瀑布"热闹几天也就风吹云散了，却没想到其持续发酵，竟至有学者为此而到电视台发表讲话，有报纸连续发表评论，网上也火热传播和辩论，一时间仁者见仁，智者见智，各抒己见，莫衷一是。在众多信息的冲击下，笔者也忍不住挤进来凑个热闹，说些想法。

第一，大妈们辛苦了

笔者先向出征法国的陕西省西安竞技麻将代表队的大妈、大姑们致以亲切的问候。她们那么大岁数，热爱竞技麻将，拿出退休养老的储蓄，自费漂洋过海，不顾辛苦劳累去参加欧洲锦标赛。单就这一点就让人感动。当我们看到他们上下飞机、挥舞手中国旗的时候，很想掉泪。这种精神，值得敬佩！

相比之下，那些用国家大量资金喂养起来的不争气的国家队，我们的"大妈队"是挺优秀的。

第二，形成让人眼前一亮的冲击波

前几年，我们的麻将队曾在世界麻将锦标赛上取得了傲人的成绩，当时似乎没有引起人们的注意。其正像我国国家乒乓球队经常捧回冠军奖杯，人们认为这是"理所当然"的事情，似乎并不激动；但如果他们一旦失去奖杯，那就要引起一场"吐槽"风波了。这种现象也许就是心理学里所谓"群体思维"中民族情愫的渲泄吧！这次"中国老妈队"得了个第三十七名，一石激起千层浪，无论麻将圈内圈外，甚至原来许多默默无闻、似乎并不关心麻将的人，刹时间都"亢奋起来"，众议纷纷评头论足。被激起的关注、思考、批评和热情，让人们眼前一亮，啊呀！原来社会上有那么多人都在关心麻将呀！这时，即是那些埋怨的话、批评的话，甚至是很偏激的话，听起来都很舒服，心里暖暖和和的。这种舆论冲击波，像一场春雨洒向中华大地。这是我们花钱做广告也很难办到的事情啊！

第三，什么最值得鼓掌

参加欧洲锦标赛，是民间体育组织的一次比赛，是一件很平常的事情；拿到拿不到名次，也是一件很平常的事情。故不要看得那么"隆重"、那么"严肃"，说白了，就是自费到欧洲去"玩儿一把"。

我们应当把名次看得淡一些，重在参与，重在交流，重在共享，这才是值得鼓掌的地方。大妈队到欧洲参加一次比赛，至少知道了那里比赛的环境、氛围、规则和习惯；至少有个比较，人家的长处是什么、短处是什么？我们的长处是什么、短处是什么？比如中国人输了牌就会说"手气不好"，而欧洲人输了牌则说"概率没算好"。这种差异不值得思考吗？再比如她们看到欧洲的麻将俱乐部充满活力，不仅经常有赛事，还有学术研究活动，而我们的俱乐部呢？欧洲人鼓励小孩玩麻将，说这是"启发智慧的最佳玩具"；而我们这里见小孩玩麻将，就会说"不要学坏习惯"！这种差异不值得思考吗？

这就是交流，就是共享，就是借鉴，也就是进步。

第四，我们没有公开竞争评选的机制

大妈队"兵败法国"的原因很多：有年龄、精力、时差问题，有适应主场、规则、氛围问题，还有技术和偶然因素问题，等等。这些都不是主要原因，您想想，我们的麻将俱乐部和协会有完整的日常比赛成绩记录档案吗？没有！我们有经常性的段位进级机制吗？没有！我们有全国公开竞争、评选的机制吗？没有！我们有权威的、主管麻将出国比赛的机构吗？也没有！在这种情况下，谁是一流选手，谁能代表中国出征，是说不清楚的，而只能是凭一种"印象"、一种"大约"、一种臆测，是缺乏科学依据的。

这说明，我们的麻将运动仍然处在起步的阶段，没有政府主管部门的统一领导是不行的，没有政策的指导是不行的，还没有走上"正轨"。

第五，不知道落后，怎么知道进步

大妈队"兵败法国"之后，有些人不服气，反复讲："前三届我们都取得了好名次。总体上看我们还是老大!"这种说法是符合实际情况的，这种自信也是很可贵的。

就算我们已经稳稳地坐在"老大"的龙椅上了，我们也可以换个角度思考一下：这次欧洲选手赢了，是偶然的吗？也可能有偶然性因素，但是我们不得不承认，他们的进步是很快的，尤其是日本、美国、荷兰等国家；他们对麻将文化有比较新的理念，有自主权比较大、又能团结人的社会组织，有充满活力的俱乐部，有比较规范的段位进级机制，有比较科学的公开评选机制，有公开发行的相关报刊杂志，还有经常发行麻将比赛的纪念邮票，等等。这是非常好的事情，我们的传统文化，正在成为世界所共享的财富!

这样思考一下是很有好处的，至少可以开阔眼界。有位麻友说得好："当中国人依然把麻将当作日常消遣的同时：欧洲已将其发展成了一项具备竞赛标准与完善体制的竞技项目了。"

有一个简单的道理说得好：不知道落后，怎么会知道进步!

第六，和也者，天下之大本也

报刊和网络在探讨大妈队"兵败法国"原因的时候，使全国赫赫有名的几个麻将组织的一些纠葛浮出水面，并指斥它们过去是"老死不相往来"，现在则借题发挥，各怀心思，含沙射影，互相说些带刺伤人的话。

从大局来看，我们的麻将运动迫切需要领导，需要理论指导，需要政策支撑。因为这关系到传统文化的传承，关系到千百万人的社会文化生活。目前，在缺少全国通盘指导的情况下，在自发、自变、自己管理自己的过渡时期，麻将运动可以说是在"夹缝"中生存和发展——有的麻友说，像是一只麻雀，蹲在风雨飘摇的小树枝上。这说法也许不够准确，至少表达了麻将爱好者们的一种心情、一种感受吧；用四川一句调侃的话说，"在当前、而今、眼目下"，麻将爱好者对待费尽艰辛成立起来的麻将组织，是抱有敬意的，是感到振奋和安慰的，是将之作为一种依靠的。爱打麻将的人，对"和"字的理解肯定比别人深刻，都衷心希望全国和各地的麻将组织发扬"爱其所同，敬其所异"的精神，互相尊重，互相欣赏，互相交流；要善于"聚同化异"，要抱团，不要撕扯。"和"字是一种境界，古人说，和也者，天下之大本也；和也者，天下之达道也。

我们的麻将组织要带头践行这个"和"字。

第七，要善于集聚和传播正能量

透过对这次欧洲锦标赛的议论，最值得我们思考和关注的问题，是要善于集聚和传播正能量，对喜爱麻将的人要爱护，对研究麻将文化的人要尊重，对建立起来的组织要支持和信赖。麻将运动中出现不同的流派、不同的理念是很正常的现象，"物之不齐，物之情也"，这是发展、繁荣的表现，是富有旺盛生命力的表现。

在"夹缝"中生存和发展是很不容易的。为了麻将运动科学、健康地发展，对正能量的事情我们要多用加法和乘法，对负能量的事情要多用减法和除法，拒绝赌博，拒绝沉溺，同时也要拒绝互相撕扯。

集聚正能量是非常重要的。有些小事看起来似乎不起眼，但能起到春风化雨、润物无声、通达人心的作用。俗话说，聚沙成塔，众人拾柴火焰高，量的集聚能促使质的变化；只要我们坚持不懈，一定能迎来一个明媚的春天，因为我们所钟情的是我们民族的、优秀的传统文化……

第二部分

关于麻将竞技的基本规律

··

　　遵照辩证唯物论的观点，"顺势而变，应时而为"这八个字就是打麻将的客观要求。打麻将的人都必须接受它的制约，遵从它、顺应它。顺，则一通百通；逆，则一堵百堵。

··

20. 怎样认识麻将与辩证法的关系？

在所有的娱乐项目中，没有一项能比得上麻将之历史悠久、雅俗共赏、老少皆宜。

麻将常常让人痴迷，让人沉醉，让人恋战，让人心神不定，欲罢不能；工农商学兵，从领袖到百姓，从学者到文盲，从耄耋到青年各年龄段都有爱好者；不仅吸引中国人，也吸引外国人。

人们常常提出一个问题：麻将的魅力在哪里？

许多学者论述了麻将的魅力来自娱乐性、博弈性、机遇性、竞技性；有的学者还提出麻将的观赏性和美学意义，甚至举例说麻将的筒子，从幺筒到九筒，其排列非常艺术，与天上星星排列的形状相呼应。

笔者想补充的是，麻将的魅力是麻将里面有哲学。只有哲学才能解释麻将中神秘莫测、无穷无尽的变化。

2000年7月8日《环球文汇》转载了一篇《毛泽东与麻将》的文章，其中说：打麻将是毛泽东所喜爱的一项娱乐活动，工作之余，他经常和叶剑英及他的政治秘书师哲等人打麻将。毛泽东习惯把打麻将叫"搬砖头"。他说："打麻将就好比面对这么一堆'砖头'，这堆砖头就好比一项艰苦的工作，不仅要用力气一次一次、一摞一摞地把它搬完，还要开动脑筋，发挥智慧，施展才能；就像调兵遣将、进攻敌人一样，灵活利用这一块一块的'砖头'，使它们各得其所，充分发挥作用。"

毛泽东还说："麻将里边有辩证法。有人一看到手上的'点数'不好，就摇头叹气，这种态度不可取。世界上一切事物都不是一成不变的。打麻将也是这样，就是最坏的'点数'，只要统筹调配，安排使用得当，也会以劣代优，以弱胜强；相反胸无全局，调配失利，再好的'点数'拿在手里，也会转胜为败，使最好的可能变成最坏的。总之，事在人为！"

这就是毛泽东教你认识麻将与哲学关系的经典论述，也是教你在打麻将的过程中怎样制胜的经典论述。

麻将里蕴藏着几乎是永不重复的、波诡云谲的变化，主要是竞技性和机遇性相互依赖、相互交错、相互渗透、相互转化所带来的变化。这些变化使麻将桌上时而黑云压城、急雨骤至，时而又阳光和煦、鸟语花香；有时狼烟翻滚，有时风平浪静；看似路途坦荡，实则危机四伏；眨眼荆棘丛生，瞬间又柳暗花明；大可变小，小可变大，赢可变输，输可转赢……如此奇妙的变化，如果我们深入探究一下，"盐从那里咸，醋从那里酸"，可以得出这样一个结论：麻将桌上千千万万的组合和千千万万的变化，只有唯物辩证法才能解释清楚。

唯物辩证法中所有的规律、原理和范畴，比如客观与主观、物质与精神、统一与对立、平衡与失衡、现象与本质、肯定与否定、特殊与一般、整体与局部、量变与质变、相对与绝对、必然与偶然、客观实际状况与主观能动作用等等，都可以在麻将世界里找到回答和解读的方法。

曾经被列宁称为"辩证法奠基人之一"的古希腊哲学家赫拉克利特，说过一句非常著名、非常精彩的话："人不能两次走进同一条河流。"其意思是说，河水是不断流淌着的，世界就犹如永恒的活水，是不断运动变化的。

麻将的魅力正像一条不断流淌的河水。即使你打一辈子麻将，也不可能打一局完全一模一样的麻将，每一局都会带来变化的新鲜感。

毫不夸张地说，健康的麻将娱乐活动，可以培养人科学的思维方法，可以改变人的形而上学的思维方式。所以人们说，麻将是一种高级的智力竞技活动。"高级"两个字的准确的含义，也许就在这里。

有位医学解剖学者，曾经在解释脑神经活动规律之后说："打麻将，可以说是一种大脑体操，或者说是锻炼思维能力的体操。"这从一个全新的角度——人体生理学的角度，诠释了麻将的魅力。

麻将娱乐所带来的乐趣，往往很难用语言来表达。它使人经常产生一种在现实与梦幻中游走的感觉——忽而像一个苦行僧在山间险道上艰难地行走；忽而又像一位"飞天"飘到梦境，任你自由地翱翔……

21. 麻将竞技的精髓在哪里？

要打好麻将，必须懂得打麻将的最基本的规律、技能和技巧。然而许多关于麻将的书中把这些方面的知识介绍得过于详细，详细得让人感到琐碎，抓不住要领；有些书中又介绍得有点玄妙、有点深奥，常常给人一种不可捉摸的感觉。

于是，许多人会提出一个共同的问题：麻将竞技的要领是什么？精髓在哪里？

有的人说："麻将的玄机全在《易经》之中。"

有的人说："麻将是一部活兵法，就是《孙子兵法》中的'攻守'两个字。"

有的人说："麻将技术的最高境界，就是老子的'自然'和'无为'。"

也有人说："说一千，道一万，就是'运气'两个字；气顺则旺，气衰则亡。"

……

这些探索和研究，都有一定的道理，仁者见仁，智者见智，可以互相启发、互相补充，都应当受到尊重。为了抛砖引玉，引起朋友们讨论的兴趣，笔者想提出一个看法：按照辩证唯物主义的原理，麻将的要领和精髓，就是八个字——顺势而变，顺势而为。

这八个字，就是打麻将的客观要求，打麻将的人必须接受它的制约，主观上必须遵从它、顺应它，顺则一通百通；而绝对不能抵触它、违背它，逆则一堵百堵。

中国古代哲学所讲的"物无不变，变无不通"就是这个道理。

顺势，就是要以唯物主义的态度，从客观情况出发，从"势"的实际出发，顺着牌桌上的形势往前走。麻将是死的，人是活的，人的主观能动性往往起决定作用。顺势所强调的是：人的主观能动作用不是一匹无拘无束、放纵不羁的野马，想怎样跑就怎样跑，想跑到哪里就跑到哪里，这是不行的。古人说："舟循川则游速，人顺路则不迷。"打麻将的时候，主观愿望必须遵循客观的"牌势"所提供的"川"和"路"往前走，才能达到胜利的彼岸。

顺势，是为了变。就是起手拿到 13 张底牌以后，经过轮流取牌、舍牌、吃牌、碰牌、杠牌，不断调整，不断组合，不断完善。变的一般趋势是把"窄"变"宽"，把"慢"变"快"，把"小"变"大"。这种变化正像一首诗中所描绘的："心悲不是畏天寒，寒极翻作艳阳天"；"哲人晓畅沧桑变，一番变化一番新"。也就是朝着好的、更好的方向变化。

打麻将的整个过程，就是变化的过程。四家都在变，在变中斗智斗勇，在变中赛跑，看谁先跑到终点——和牌。

顺势而变的大忌是心过大眼过高，固执地按照自己的主观愿望去变，"有条件要上，没有条件也要上"。这样"上"的结果，多数情况下是牌势逆转，越变越别扭，走得磕磕绊绊，各种困难和挫折接踵而来，自己扰乱了自己的心态，自己把自己逼到悬崖边上。

顺势而变，只是问题的一半；另一半是顺势而为。

前后有两个"顺势"。前一个"顺势"是基础，是铺垫；后一个"顺势"是延续，是提升。两个"顺势"都是过渡；"顺势"是为了"变"，"变"的目的是"为"——"和牌才是硬道理"，麻将桌上的"为"，最终就是和牌。和牌，往往带有奇异的色彩，有时心想事成，轻而易举，一蹴而就，走旱路是一马平川，走水路是一帆风顺；有时候又艰险重重，像唐僧取经，常常把人折腾到山穷水尽的绝境，更多的时候要经过一波未平一波又起的过程。和牌，据专家按照国家体育总局所颁布的《中国麻将竞赛规则》统计，下"叫"牌组有近 10 万个不同花色、不同牌点的组合形式；仅 5 个"叫"及 5 个"叫"以上的组合形式，就有近 8000 种。所以说，麻将的和牌永远是万花盛开的争奇斗妍的花朵。

麻将桌上的"为"，又不能仅仅理解为是和牌。这个"为"是一个相对的、宽泛的概念——

其一是若能和大牌、能"大有作为"，就千万不要犹豫，而要敢于追求、大"为"一番。

其二是若不能大"为"，则取其上得其"中"，也是"为"。

其三是若得"中"有困难，则享其下，赢个小和也是胜利。

其四是若处境艰难，则争取不点炮，善于保护自己，也是一种"为"。

其五是若被逼进绝境，没有和牌的希望，则能够避免点大和，而只点小和，侥幸过关，"少输为赢"，也是保存力量的一种"为"。

顺势而为。准确地说，就是在客观条件所允许的范围内，能够争取到最好的效果；或者说，在客观条件"给你搭起的舞台上"，自己尽可能导演出一幕生动的戏剧。

麻将桌上风云变幻快，如果明白了顺势而变、顺势而为的道理，路子走对了，会随时抓住机遇；相反，就会处处遭遇"险情"。

我们在日常生活中爱说两句话：一是正确分析形势；二是勇于把握机遇。大体上说，这就是顺势而变、顺势而为的意思。这不仅是驾驭生活的艺术、创造人生辉煌的艺术，也是打麻将的艺术。

正确认识、运用和把握"顺势而变，顺势而为"的道理，你会渐渐悟到这八个字像是一棵树的主干，而其他的谋略、技能和技巧都是从主干上衍生出来的枝叶——或者说这些枝叶是依附于主干才显示出生命活力的；如果离开主干，就会变成无本之木、无源之水而渐渐枯干、枯竭。

打麻将不能"赖其末而不识其本"，也就是我们平时所说的不能"舍本逐末"。这个"本"，就是顺势而变、顺势而为。

22. 为什么说精湛的技术是麻将制胜的根本？

人们常说，有的人麻将打得好，有的人麻将打得不好。笔者想先提出一个问题：打得好、打得不好，有个标准吗？请回答一下。

回答可能是很多的，举例如下：

"这还用问吗？赢了就是打得好，输了就是打得不好。"

"利利索索，打得快就是打得好；磨磨蹭蹭，打得慢就是打得不好。"

"人家是打花麻将的，从不整理牌，打得好。"

"我那个当家的，最会做暗七对、清一色，打得好。"

"有个老兄打得好，一边打牌，一边戴个耳机听音乐。"

"我表姐打得好，参加过省上的比赛。"

"我爷爷是麻将高手，从旧社会打到新社会。"

"我见过真正的麻将精，盲打，用布把眼睛蒙上也能打。"

"这个问题，问得太奇怪了！手气好就是打得好，手气差就是打得差。"

……

这些回答都各有一定的道理，又似乎又都简单了一些。打麻将的时候，互相制约的因素太多，不确定的因素太多，能不能寻找出一个比较全面、比较准确的说法呢？

笔者斟酌了一下，就一盘牌而言，打得好，是否可以这样回答："把你手中的 13 张牌，自始至终处理得很合理，就是打得好。"

处理得很合理，就是打得很好；处理得比较合理，就是打得比较好。

处理得比较差，就是打得比较差；处理得很差，就是打得很差。

在实战过程中，"处理"两个字所包括的内容就多了，每舍去一张牌、碰一张牌、杠一张牌，都是综观全局、清晰构想、分析判断、精确计算的结果，换句话说，都是综合实力的一种表现。

这"处理"两个字，说的就是打麻将的技术。

序盘，起手拿到 13 张牌，完全是凭运气，可能牌相极佳，也可能牌相极差；拿到 13 张牌以后，每一次舍牌、碰牌、杠牌就全靠技术了。技术是贯彻一局牌的始终、须臾不可松懈的。牌相好、牌相差都是客观存在，都要认真面对，合理处置。

中盘，何去何从，或攻或守，都要处置得当。

终盘，怎样取舍，是进是退，都要打得合情合理。

这样"处理"，这盘牌就是打得好。输赢如何，那是很自然的结果。打得好不好，不能拿一盘牌的输赢去衡量。有些朋友可能想不通这个道理：输了也算打得好吗？

举一个例子，比如说一手牌牌相极差，而对手们的牌相又极好。在如此被动的情况下，一位牌友"处理"得比较差，结果输得较多；而在同样被动的情况下，一位牌友"处理"得当，结果只输了很少。这就是打得好不好的差距。

说到这里有人一定会问：打麻将是靠技术，还是靠手气？

回答是既要靠技术也要靠手气。

从行牌的过程来看，简单地说：取到的 13 张底牌，靠手气；然后，每取到一张牌全靠手气，每舍去一张牌全靠技术。要想制胜，主要的技术在于舍牌；从技术环节上看，舍牌是关键。

行牌的过程是在各种客观的手气因素和各种主观的计谋、技巧因素相互交织、相互作用中向前发展的。这些主观因素、客观因素彼消此长、相互转化、变幻莫测的过程，正是麻将娱乐的乐趣。在一般情况下，手气和技术，技术起主导作用和持久的作用，而手气只是偶然的、不确定的因素。手气可以给你一把绝妙的好牌，可以使你一天顺畅，可以使你在短时间内充满"阳光"，但不可能始终如一地钟情于你，只可能给你短暂的辉煌，而不能帮助你建立"丰厚的业绩"。

相反，精通麻将的谋略、战术和技巧却是持久制胜的因素。深懂牌艺又遇上好的运气，就如鱼得水、如虎添翼、锦上添花了。遇到手气不顺时，当以良好的心态去抑制它、改变它、等待它，以重新获得主动。从长远来看，具有良好的技能必然是赢家。

不注重研究牌技而只相信运气的人，往往犹如一条没人掌舵的小舟，在江河中随波逐流，不是被礁石撞碎，就是被恶浪吞没……

人们常说："牌局似人生。"其实，人生的意义不在于取得一把好牌，而在于把所面临的一把牌处理得十分合理，哪怕是一把乱糟糟的牌，也能处理得很精彩。

23. 为什么说"能谋势者，必有所成"？

从认识论的角度来说，对每一局牌的处理，都是一个完整的从实际出发、分析判断、趋利避害、优化组合、力求做大、争取和牌的认识过程，打麻将水平的高低，都会在这个认识过程中十分清晰地表现出来。

这个认识过程，就是牌势发展的过程。

古人云："能谋势者，必有所成。"我们在打麻将的时候，依据什么来分析判断牌势呢？这是麻将娱乐的一个基础问题，要说清楚，不得不从麻将牌桌上可以分出的三类牌说起：

一是暗牌：暗牌就是大家都没有看的牌墙。麻将的一切未知数都掩藏在牌墙里面，或者说四方的祸福都掩藏在牌墙里面。"好牌"藏在什么地方，"坏牌"藏在什么地方，都是未知的。所以有人说，麻将的魅力是永远不知道下一张是什么牌。

二是明牌。明牌分两类：一是各方"吃""碰"出来和开"杠"亮出来的牌，已经呈现在各家面前，这种牌也叫"地上"的牌；二是各方依次打出来的不需要的牌，叫"海"中的牌，成都人叫"堂子"里的牌或者说是"池子里"的牌，又叫"死牌"，也有人叫"尸"牌。

应当强调的是，这两种明牌十分重要，是麻将桌上最灵敏的信息窗，也是分析判断牌势发展最可靠的依据。所以麻将谚语说："老手看'海'里，新手看自己。"老手善于透过"海"里的牌，分析各方的牌势，使自己处于主动的、明白的位置；而新手不看"海"里的牌，只看自己手中的牌，其结果往往是"见骥一毛，不知其状，见画一笔，不知其美"，使自己处于被动的、盲目的位置。

不看"海里"，只看"自己"，或者很少关注"海里"，而是更多地关注"自己"，只能说明这样爱好麻将的朋友还没有跨进牌艺的门槛。

打麻将一定要学会透过"海里"这个最现实、最可靠、最灵敏的信息窗，来认识牌势和驾驭牌势。在博弈论中，有"完全信息"和"不完全信息"博弈的理论。麻将明牌所显示出来的这些信息，对四方是完全平等的、对称的。当然，这个"信息窗"不会把牌势直接、明白地告诉你，而需要你对这些信息加以综合分析，经过"以近知着，以一知万，以微知著"的推理，才能获得。这就要靠你的功力和发挥了！

"海里"所反映出来的信息，主要有三：

其一，显露牌目的状况。万字、条子和筒子每种36张牌，可根据自己的需要进行计算。比如你做筒子清一色，对筒子心里要有数，自己的底牌有多少张，"海里"已经出现多少张；然后再推算对手可能占多少张、牌墙里可能还留多少张，什么筒子出完了、什么筒子还没有出现。通过计算，对自己的牌势有一个基本的评估和判断。

其二，判断对方牌势。从对方出牌的情况，分析判断对方牌势的走向。

其三，发现异动。打到"海里"的牌多数是正常的舍弃，也经常出现异动。异动就是反常，仿佛在听一首流畅的协奏曲时突然跳出的一个不和谐音符。异动背后往往隐藏着值得注意的动向，或者传递出值得注意的信息。

以四川"血战到底"的规则而言，比如在序盘，各家都在打缺一门，而有一家开始打条子，忽而又打筒子，刚转过来却又打出万字。这就是异动，说明这家的牌可能是"三室一厅"，其究竟欲打缺哪一门，还在犹豫、观望。又比如，连续三家都打条子，而第四家却抛弃"三喂一"的大好机遇，而碰了万字或筒子。这也是异动，说明第四家的条子并不好。再比如，在终盘的关键时刻，对方冒着风险抛出"生"张，这种异动说明"临危舍生，必有大牌"。有些异动是显而易见的；有些异动是比较隐蔽的、细微的，在不经意间一滑而过，很不容易察觉出来。我们在观察"海里"牌的时候，要敏感地发现异动，捕捉到异动背后所可能发生的动向，这是打麻将的一种很高的技艺。

一定要学会看"海里"，要有开阔的视野，要有大局意识。记得曹操的儿子曹植说过这样的话："鰕鲟旦游黄潦，不知江海流。"其大意是说，小虾与黄鳝在小水洼里游，哪里知道还有奔腾的江河和大海。所以打麻将在关注自己牌势的同时，一定要抬起头来，看看"海里"的波涛是怎样奔流的。只有把自己的牌势与"海里"牌势联系起来加以分析，才能真正认识牌势，顺应牌势，创造自己的胜局。

三是活牌。这是指自己手里的牌。活牌是不断流动、不断变化和不断组合的，是瞬息万变的，时而似山穷水尽，时而似柳暗花明，时而似排山倒海，时而又似一座死城……

以上三类牌：暗牌，一张一张被揭开神秘的面纱；明牌，提供繁杂的信息；活牌，一步一步走向完善。这三类牌，相互联系着、互动着、碰撞着、牵动着各方牌势的发展；而我们的认识，也要随着牌势的发展逐步深化，简单地说，就是要势变我变，从容应对。

如果说到麻将技艺的基本经验，简单地说就是"谋势"两个字。能谋势者，必有所成！

24. 为什么要顺势而不顺性？

顺势而不顺性，就是打麻将的时候遵循"顺势而变、顺势而为"的规律，而不要有主观随意性，不要顺着自己的性子去打牌。

顺性，是打麻将的大忌。有些麻将爱好者在牌桌上输得一塌糊涂，往往就是犯了这个大忌。常看到的有以下几种表现：

一是打任性牌。任性就是不加约束、放任自己的性子，打牌的时候经常表白："打麻将，自己想怎么打就怎么打，图个自由，图个好玩，图个痛快！"这类自视脱俗、纵情放浪、无拘无束的表现，在麻将高手眼里是一种头脑简单、过于单纯的"麻将幼稚病"。因为任何一种娱乐，都有它自身的规律和规则，违背这些规律和规则就必然失去自由，也永远"图"不到"好玩"和"痛快"。想怎么打就怎么打，必然是四处碰壁，输得一

麻将制胜的金钥匙

塌糊涂，又怎么能享受到打麻将的愉悦呢？

二是打固执牌，也叫打"犟"牌。这是在行牌不顺手时的一种任性的表现，而且常常借用"逆向思维"来为自己辩护。按理应当顺势而行，而却偏偏要逆势而行，想用一股"犟"劲把劣势"犟"成顺势。这样做是不可取的，一般来说也是徒劳的。扭转劣势的正确途径应是心态平和、冷静分析、取舍得当。麻将谚语说："十个倔汉九个粗，十次'犟'牌九次输。"自己没有打老虎的本领，却"明知山有虎，偏往虎山行"，其下场肯定是惨不忍睹的。

打固执牌很容易被人怂恿。有一位赵女士赢了几次暗七对，于是便有人说："她是远近闻名的'赵七对'。特别会做暗七对，简直是堪称一绝！"赵听了这番恭维话，心驰神往，眉飞色舞，为了显示其"赵七对"的美名，不管有没有条件，都硬着头皮去做暗七对。经常做到最后连"叫"也没有。而按成都麻将规则要"查叫"，无"叫"的时候须得赔，这时候赵却还沉浸在"赵七对"的自我陶醉中——双手把自己的牌推倒，带着骄傲的神色对大家说："又一个七对，快成功了！"故意怂恿她的人又故作惊讶："哇噻！真是'赵七对'，神了……"

赵女士这种不顺势只顺性的打法，被打麻将的街坊老太婆称为"打瓜牌"，因为别人把她当成"瓜娃子"逗了一阵，还不醒事，以为自己是个了不起的孙二娘。

三是打赌气牌。有些心胸比较狭窄的人爱打赌气牌。比如说，你赢了我一个清一色，对不起，我必须赢你一个满贯；你刚才不赢别人，专门赢我，我得记着必须报复回来；于是，你打缺哪一门，我也跟着打缺哪一门，该你摸牌的时我偏要把不该碰的牌碰了，让你空走一巡，少摸一张牌……这些赌气的做法都是没有道理的。麻将桌上的输赢不是谁与谁过不去，即使偶尔有点"过不去"，也用不着去计较。一赌气，就变成自己与自己过不去了，哪里还谈得上"顺势而变、顺势而为"呢？打麻将切记不能死顶，死顶必败！

打任性牌、固执牌、赌气牌，严格讲来都是一种心理缺陷，最大的危害是自己搅乱自己的心态。心态一乱，牌势必乱；牌势越乱，心态就越坏，形成恶性循环。这是麻将桌上最糟糕的状况。

25. 什么是牌势的"有序"与"无序"?

每一盘牌的过程，一般来说有序盘、中盘和终盘；但在实战中，往往并非十分清晰地分成三段，而是常常呈现出无序状态——这种无序状态恰恰正是麻将竞技的一个特色，需要从实际出发，非常灵活地去认识、去把握。

一盘牌开始拿到 13 张手牌后，翻开一看，牌相极佳，赏心悦目，一看就是大和结构或者上张就可以"下叫"了；甚至坐庄时，拿到手的 14 张牌就已经和了，这叫"天和"，即仿佛是从天上掉下来的"大馅饼"，没有序盘的混沌，没有中盘的缠扰，也没有终盘的白刃战。这是机遇所带来的果实，偶尔得之，可遇而不可求。

逆转的情况也很多，到手的 13 张牌非常好，一看就是做大和的框架，然而行牌不顺，想碰碰不上，想杠杠不了；或者"中途杀出个程咬金"，自己不仅没有做成大牌，反而被别人咬得血淋淋的。

相反，有时候拿到的 13 张手牌，"面貌"丑陋，东不搭墙，西不搭界，行牌艰难，摇摆蹒跚，进入终盘还在痛苦地挣扎，看似完全绝望了，然而最后似有神助：只剩摸四张牌的机会时，前三张都是绝妙好张，竟然是"全带幺下叫"，最后一张又自摸和了！这盘牌的"模样"，似乎一直在序盘和中盘的黑暗隧道中摸索，最后却来了一个神奇的突变，正如古典戏剧中所唱的："鸡窝里飞出了一只凤凰，粪堆上长出了一棵灵芝。"

麻将的无序性是在有序性中进行的，上述无序性和偶然性的现象也是常见的。

麻将的无序性是所有竞技体育中最多的。这种看似"交错杂乱"的现象，对麻将高手、对心态好的人来说，往往有一种"乱见青山无数峰"的韵味和美感，这正是麻将的一种特殊的魅力。

也正是这种无序性，考验着每个人的认识能力和掌握机遇的能力。

从麻将的一般规律来说，在一盘牌的序盘、中盘和终盘每个阶段，各有其不同的特点，认识、把握这些特点是牌艺中的基本技术；同时，不要刻板地去划分序盘、中盘和终盘，也不要刻板地去使用各个阶段的要诀。

上面所举的例子，是想强调说明：打麻将一定要从实际出发，审时度势，机动灵活地去应对各种变化；切记不要刻板，不要教条，不要盲目。俗话说得好："病万变，药亦万变。"怎样应对各种变化，笔者总结了这么几句话供参考：

智者谋远，愚者谋近；能者看宽，笨者看窄；高者顺势，低者顺性。

26. 怎样把握机遇？

麻将高手常说，打麻将在主观意识上，有两个制胜的法宝：一个是技术要精湛，一个是善于捕捉机遇。这如同车之两轮、鸟之两翼，缺一不可。

打一场四川麻将，一般四个小时或者六个小时。从胜负这个角度来看，可以把牌分成三类：

一类可称为"过渡牌"，这类牌又叫"小牌"，成不了什么气候。你赢我一两番，我又赢你一两番，输赢不大。这类"过渡牌"，占去大多数的时间。

另一类可称为"可塑牌"。这类牌的特点是可塑性相对较强，处理得好或手气好，可以做成大牌；相反，处理不当，手气差，又成了小牌。这类牌也占去相当多的时间。

第三类可称为"机遇牌"。这类牌牌相极佳，具备了成大牌的框架。这类牌在一整场麻将中所占的时间很少，但其时间虽短，却往往决定整体的胜负。

第一类和二类牌，技术上有些失误也不要紧，总体胜负还有回旋的余地。"机遇牌"对胜负影响较大；对到手的机遇要认真对待，要尽量避免失误。

首先，要有敏锐的识别能力，要认清难得的机遇已经飞到自己面前了，千万不要让它又飞跑了。

举一个例子：手牌是一二三七八九筒、一二三九八八万、六条。

（插图1）

这手牌的牌相可谓极其漂亮，很可能做成"全带幺"的满番。然而，主人看见有人打出一张八万，他立刻碰了下来，这一碰把好端端的机遇"碰飞"了。真是让人惋惜！

再举一个例子：手牌是，九九六六五五四四条、三三三六七筒。这手牌的牌相也可谓极其漂亮，很可能做成七对，或大对子"带根"——满番。然而，两三巡后，牌主在其整个牌势并没有出现危急信息的情形下，见下家舍出一张八筒就叫"和了"！这一和，等于把一头牛的价钱当成一只小羊的价钱给卖掉了。

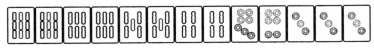

（插图2）

这类例子说明，要有敏锐的识别能力，千万不能把到手的"机遇牌"做废了。机遇是不能创造的，而是应当发现它、顺应它、紧紧地抓住它，集中精力打一场漂亮的"战役"。

在这个关键时刻，意识里要有方向感。有没有方向感是不一样的，就仿佛一个人在赶路时，无方向感的人走到一个岔路口失去方向，便错误地走到一条小道上去了……

要"顺势而变，顺势而为"。"势"不来是一种悲哀，"势"来到面前无动于衷更是一种悲哀。古人说："天与不取，反受其咎；时至不迎，反受其殃。"这是很有道理的！

其次，构想要清晰。牌相很好，都想做成大牌；而做成什么样的大牌，要有清晰的构想。这种构想是依据客观条件和对牌势的分析、判断得出来的。有条件就要坚持，不要动摇；失去条件就要改变甚至放弃原构想，不要惋惜。没有条件的构想，仅仅是一个美丽的肥皂泡。

三是舍牌严谨。大牌在手，每一步都要一丝不苟、三思而行。因为你在做大牌的时候，你的对手并没有睡觉而是虎视眈眈地望着你，想方设法地干扰你、抵制你、破坏你……你处在被包围之中，必须小心应对，一不谨慎，便会前功尽弃。这样的例子太多了，一步走错，百步难回！

四是机智灵活，审时适变。善于把握机遇有两方面的意思：一是坚持做大、做强；二是不能"一根筋"走到底，不能撞破了头也不转身。拿一手好牌是条件；想做成大牌是愿望，而这愿望能不能变成现实就很难说了。

笔者曾经看到这样一场终盘对决——

东方牌势：豪华清一色已经"下叫"吊九万。

（插图 3）

西方牌势：是豪华筒子清一色，"下叫"一、四、七筒。

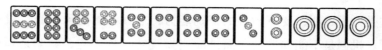

（插图 4）

这时，桌面牌墙上只剩下两张牌了，气氛十分紧张。西方摸进一张七万，略加思考，留下七万，舍去一筒。这是很清醒、理智的打法。

接着东方摸进一张四筒，毫不迟疑地留下四筒，跟着舍去九万。这也是很妥当、很安全的打法。紧张的气氛转瞬缓和下来，双方握手言和。

所以，把握机遇是做大的一种能力，也是避祸的一种能力。要做好，都不容易。

这里所叙述的"机遇牌"，是狭隘意义上的；而从广义上说，每一盘牌都充满各种各样的机遇，打麻将的整个过程就是认识机遇、应对机遇的过程——打麻将水平的高低在这里就显现得再清楚不过了。

27. 怎样理解麻将竞技中的失误?

在麻将竞技中，可以说每个人都有频频失误的经历，也从来没有人敢打保票说"我就没有失误过"，因为那是不可能发生的事情。

从哲学角度来看，正确和失误都是处于相对过程之中的，我们的认识都是相对的而不是绝对的。

所谓"失误"，简单的说，就是指我们的认识或判断不符合客观的实际情况及其所导致的结果。在麻将竞技中，失误的差别是很大的：有些几乎察觉不出来，并不影响你正常的行牌进程；有些可以感觉出来，像走路时身体趔趄一下，立即可以纠正；有些则较突显，但可以采取措施挽救回来；有些是重大失误，没有办法挽回。

在麻将竞技中是如此，在日常生活中也是如此。

麻将打得好，实际上就是失误少一些；打得不好，就是失误多一些。出现失误是不可避免的，只是多点、少点而已，也可以说这是一种常态，用不着大惊小怪。

失误不可避免，还有一个重要原因：是牌势发展在变幻，时而似雷霆万钧，时而又一落千丈；时而似劈波斩浪，时而又土崩瓦解……须臾之间出现机遇，又在眨眼之间逝去。面对客观上如此的变幻，我们主观上是很难毫厘不差地随机应对的。而这，恰恰是麻将的魅力，是让人痴迷、兴趣萦绕的源泉。

失误是不可避免的，并不是说因此就可以不重视失误，可以听之任之。正确的态度是不要唉声叹气，不要大惊小怪，而是要认真思考，总结经验，认识规律，把失误变成提高认识的台阶，变成自己知识库里的财富。这就是人们常说的"失误是进步的先导""失败是成功之母"。

我们打麻将的时候，常听到"这张牌打失误了，是不该打的""哎哟，这张牌不该让他碰走，失误了"……类似的叹息和说法。

笔者想强调的，是在麻将桌上、在行牌过程中，最大的失误是什么？

第一是失势。"势"是什么意思呢？一般来说，是指一切事物内在动能所表现出来的趋势；在麻将桌上，则表现为整体牌势和各方牌势所呈现出来的状况及其可能的发展态势。有时"势"如破竹，有时"势"均力敌，有时"势"渐式微。势是客观的情景，像个万花筒变幻无穷。我们打一盘麻将，从头到尾就是对牌势的观察、琢磨、估量、判断和应对，还包括对各方牌"势"在平衡与不平衡的冲撞中所产生的"势能"的把握。一般来说，获得"势能"多者就是胜方。

古人有训导："识势则不沮。"要认识牌势、研究牌势，才能取得胜利，否则等待你的只能是沮丧和失败。

玩麻将中的失势，就是失去了对牌势的清醒认识，失去了对牌势的把握；得势，就是对牌势有清醒的认识，可以顺应牌势的发展，实现主观的构想。

围棋高手有一条重要口诀叫"弃子得势"。其就是要求棋手要有大局观，把大势摆在第一位，哪怕牺牲局部利益也在所不惜。打麻将也是这个道理。

第二是失时。"时"是什么意思呢？是指具有时间段的客观条件或者说是时势。我们常说的"时来运转"中，所含"时"字就是这个意思。"时来"，不是主观地想来即来、想去则去，而是"着意寻不见，有时还自来"的客观的机遇。

古人很重视"时"，说"得时者昌，失时者亡"。打麻将时，从头至尾观察牌势的时候，常常会有似突然发现一颗明亮的流星飞来的情况，那就是时机来了。这时要敏锐地发现，要紧紧地抓住，要认真地对待，要全力以赴；哪一个环节没有处理好，时机就会在须臾之间消失，胜利就会擦肩而过。仿佛一个人梦想得到一只凤凰，凤凰突然飞到他的手掌里，他却疑迟起来：这是真的吗？这是野鸡还是凤凰？……凤凰就会生气，扑棱一下振翅飞走了。

时，就是某一时间段出现的机遇。必须敏锐地抓住，利用它搭起一个舞台，演出一幕精彩的戏剧。

麻将桌上有些失误是可以弥补的，而失势和失时则没有回天之术。

怎样尽可能避免失误呢？粗略地说有这么几条：

一是以科学的思想方法对待麻将竞技。要逐步掌握一切从实际出发的唯物主义的方法，不要主观随意，不要片面臆断，不要好高骛远，不要简单粗糙，不要横行直撞，而要老老实实地顺势而行。

二是不断提高技艺水平。打麻将简单地说，是处理好技术与手气的关系。手气是由客观因素交织在一起带来的机遇，是不确定的，你想"管"也管不了，而技术则是通过主观努力可以学到、可以提高的。技术精湛是竞技运动制胜的基础，有了这个能耐，失误将大幅降低。

三是正确对待运气的起伏波动。每一盘麻将行牌的过程，一直存在运气的起伏和波动，就像人的心电图起起伏伏地延续，这是很正常的现象，是有活力的表现，不应当在正常现象面前惊慌失措。应像古人所描绘的情景那样："水性自云静，石中本无声。如何两相激，雷转空山惊。"心境平静了，也就可以应对自如了。

所以，不要手气来了就趾高气扬，忘乎所以，搞不清楚自己姓甚名谁了；也不要手气坏了就怨天尤人，怒气冲天，仿佛地震来临了……而是要自然淡定，冷静处置。

四是机智灵活，审时适变。坚持做大、做强，而又不能"一根筋"走到底，不能撞破了头也不转身，否则也会造成失误。打麻将，拿一手好牌是条件，想做成大牌是愿望，但这愿望能不能变成现实就很难说了。机智灵活，审时适变，就是不要刻板、不要僵化、不要硬碰，而要像个孙猴子，身段柔软，能跑、能跳、能蹲、能趴下，还能翻跟斗……

28. 怎样提高麻将竞技的水平?

学会打麻将并不难,而要打好麻将确实是比较困难的,因为涉及到数学、运筹学、逻辑学、心理学、博弈学以及唯物辩证法,甚至与信息论、控制论、系统论的关系也十分密切。

怎么才能提高竞技水平呢?笔者归纳了几个关键点,供朋友们参考。

一是实践。读牌谱、拜老师都是可以的,但是百看不如一练,百听不如实践。实践是一所伟大的学校,实践出真知,实践出本领。不下水是学不会游泳的,只有实践才能逐步接近、认识麻将竞技的规律,比如"下"什么"叫"容易和牌、"下"什么"叫"不容易和牌等等。

二是思考。要边实践边思考。思考是进行比较深刻、周密的思维活动。只有思考才能激活从实践中得到的零碎的感性知识,使这些知识联系起来,形成比较完整的认识。比如"对处"的"叫"比较难和,而"卡张"则容易和牌。

三是积累。积累就是把思考的知识、思考的见解逐渐聚集起来。心记可以,笔记更好。得的是什么,失的是什么;成的是什么,败的是什么;为什么得为什么失,为什么成为什么败……积累多了,知识就变成了自己的经验。

四是经验。经验是经过实践、思考、积累而得到的知识和技能,也就是可以掌握和运用专门技术的能力。从认识论来说,经验是一个比较高的层次。平时我们所说的经验,就是本领;从麻将竞技来说,就是有了初步把握牌势变化的功夫。

五是应变。知识和技能停留在经验上是不够的,因为行牌过程是千变万化的,这些经验应当随机应变。可以自如地应对各种突然的变化,才是最重要的;否则那些经验还停留在狭隘、感性的阶段,甚至还可能成为主观主义的东西。

六是智慧。有了丰富的经验，又有了很强的应变能力，智力会迅速提高，包括记忆、观察、想象、思考、判断等等。这时你就有了能准确辨析、判断、能动创造的能力，是一个有智慧的人了。

这个过程就是唯物主义认识论的过程，也是从感性到理性的过程。我们要提高麻将竞技，没有其他捷径，大体都是按这条途径过来的，只不过有人意识到了，有人没有意识到而已；意识到了就提高快一点，没有意识到就会慢一些。

实践、思考、积累、经验、应变、智慧，这六个关节点是符合认识规律的，也是提高麻将竞技水平的正确途径。一般来说，心躁的人、懒于思考的人会提高得慢一些，心静的人、勤于思考的人会提高得快一些。古人说"心宁则智生，智生则事成"，是很有道理的。

29．打麻将有"瓶颈期"吗？

什么叫"瓶颈期"？从广义讲，是指事物发展过程中所产生的各种困难和障碍，使进程出现缓慢、徘徊、停滞的状态；对个人发展来说，一般用来形容事业发展中所遇到的停滞不前的状态，这个阶段就像瓶子的颈部一样是一个关口，如果没有找到正确的方向有可能一直被困在瓶颈处。

这样看来，瓶颈期是事物发展过程中的一种规律性的现象，是不可避免的。

玩麻将也存在瓶颈期，其普遍的表现是：竞技水平长期在一个层次上徘徊，老不长进，找不到进步的"突破口"。而每个人的"突破口"又是不一样的。

比如有的朋友只关注手牌的组合，不关注整体牌势的变化，不懂得手牌的组合是依据整体牌势的变化而变化的。这时对"势"的认识和理解，就成了进步、提高的"突破口"；一旦自觉地熟悉地懂得"顺势而变，顺势而为"的规律，就会出现一个明显的进步。

比如有的朋友关注了牌势，而在舍牌环节上，缺乏思考，不够谨慎，而且意识不到这里就是"瓶颈期"；后来，明确了舍牌是技术上的关键环节，是体现综合实力的焦点，这里是容不得半点疏忽的，越过了这个"瓶颈期"，就获得了一次进步。

比如，有的朋友总是被手气的顺、逆所困扰，忽而大喜，忽而大怒，不懂得顺逆是很正常的现象，只可顺道而行，不可逆势而取；后来明白了顺、逆转化的道理，心态平和、坦荡了，越过了这个"瓶颈期"，竞技状态就"牌顺手顺"起来了。

有时候看似麻将竞技的"瓶颈期"，却又寻找不到准确的"突破口"，这时可考虑：是不是人体生物钟造成了困扰？

人体生物钟又称"人体生物节律"，其大概意思是：

智力节律周期为 33 天，体力节律周期为 23 天，情绪节律周期为 28 天；一个人的智力、体力、情绪状态在每个周期中都分别有高潮、低潮和临界期，一个人的三个周期正好都处在高潮期的时候，就有可能表现出超乎寻常的能力来。

人体生物钟与麻将竞技状态是有关系的；可以利用人体生物节律的高潮期，以最佳状态去应对牌势的复杂局面。

英国人培根说得好："机会老人先给你送上它的头发，当你没有抓住再后悔时，却只能摸到它的秃头了。或者说它先给你一个可以抓的瓶颈，你不及时抓住，再得到的却是抓不住的瓶身了。"

30. 麻将高手、中手、低手的区别在哪里？

因为我国麻将运动长期处于自发、自变的状态，没有统一的、严格的考绩、考核制度，也没有统一的段位制度，所以缺乏一套科学的、公正的标准。

对于牌手的高低层次，各种各样的说法很多，说得似乎都有道理。从麻将的竞技层面来讲，能不能找到一个比较科学的说法呢？笔者觉得下面12个字比较合理：

"高手谋势；中手谋术；低手谋和。"

高手谋势。从唯物主义方法论来说，麻将竞技的第一要务是谋势。"能谋势者，必有所成"。古代军事家孙子认为，战略的最高准则是以"势"取胜，因为"势"是谋略的依据和出发点。"势"是客观的，顺之则通则兴则昌，逆之则滞则败则亡。一切主观的动作都必须"顺势而变，顺势而为"。

善于谋势的牌手，在行牌过程中唯物主义的思维方式比较鲜明，运用得比较自觉，顺势而变，应势而为；势至而动，势去而待；势来则为，势去则止；头脑清醒，顾全大局，筹划全盘，攻守有度，进退得宜，机敏灵活，因此而经常稳操胜券。

古人对弈棋之道的经验性概括，是"善弈者，谋势；不善弈者，谋子"。善谋势者，一子失，全盘可以弥补；而谋子者，却常常顾此失彼，一不慎，全盘皆输。高明的牌手，也是谋势的能手。

中手谋术。谋术即计策计谋，这是古老而永恒的话题，它源于战争、政治斗争、人类生存、生活的博弈活动。谋术离不开人，是人们在解决社会矛盾过程中实现预期目的与效果的艺术。

谋术在麻将竞技中一般是指精于计算，善施手段，善于随机应变。比如在麻将竞技中运用兵法三十六计，都属于这一类；只要不是违规、作弊，都是允许的，都是智慧的表现。这类牌手在竞技中注重思考这类问题，认为这是制胜的最重要的法宝。

低手谋和。新手学麻将时，和牌的心情常非常急切。和牌给初学者带来的愉悦和快感，是新奇、鲜活、难以抑制的，这是初玩麻将阶段的很正常的表现。由于麻将竞技的目的是和牌，致使有些朋友的竞技水平长期停滞在一门心思就是和牌的这个阶段，而对和牌的规律却知之不多，他们需要在认识上有个飞跃——一定要懂得"势"与"时"是麻将之魂，善于处置手牌与堂子里的牌的关系。在行牌过程中，要关注自己的手牌，更要关注堂子里的牌。堂子里的牌是几家不需要而舍弃出来的牌，也叫"尸牌"。其实这些牌是你观察牌势的最现实、最灵敏的信息窗。这些信息是你行牌的依据，否则你只能在盲目的狭道上行走。这就像打仗，要派侦察兵把地形、敌情都摸清楚，才能下决心打好这个战役。实现这个飞跃，才能走进谋术、谋势的阶段，成为名符其实的高手。

31. 怎样理解舍牌中的辩证法？

第一，舍牌是麻将竞技中最关键的一个环节。

舍牌，是麻将竞技中最关键的一个环节，也是牌手发挥主观能动性的最重要的一个技艺。

麻将竞技的过程很简单，取得手牌以后，除了吃、碰、杠、和，就是依次摸进一张，再舍出一张。保留什么牌，舍出什么牌，是相互依存、相互制约、相互推进的关系，是辩证统一的关系。保留什么牌很重要，舍出什么牌更重要；对此要坚持"守己顾彼"的原则，要两点论，不要一点论。每位牌手要靠自己摸进牌，同时也要靠对手给你供牌。

从"留"与"舍"的关系来看，你所舍出的牌是没有用处的，而在对手看来可能甚至是至关重要的金张，或者包含着有价值的信息。也可以这样说，留下的牌是自己需要的，而舍去的牌可能是三家需要，有时甚至会是三家争抢的。

以成都休闲麻将来计算，共 108 张牌，每人取走 13 张手牌，墙牌只留下 66 张；每人摸进一张牌、再舍出一张牌的机会，平均只有十六次左右；按"血战到底"规则，由于碰牌、杠牌、和牌的交错，每人、每盘进、舍的次数是不一样的。所以要珍惜每一次舍牌的机会。每位牌手心里要有个数，机会不多，不可轻心大意。

第二，要重视舍牌的功能。

每摸进一张牌，是客观的，是手气；每舍出一张牌，是主观的，是技艺。也就是说，摸进一张什么牌，你是不知道的，你是做不了主的；相反，舍出的牌，你是明白的，是你自己做主决定的。分清了这个界限，才能明白主、客观之间的辩证关系。

如果是四川"血战到底"的规则，舍牌有什么功能呢？

（1）可能使对手碰牌或"下雨"，促进对手牌势发展和升级；

（2）可能点炮；

（3）可以阻碍、破坏对手的构想；

（4）可以牵制对手牌势的走向；

（5）可以打乱行牌的秩序；

（6）可以选择性点炮，点走小和，使自己获得更多的时间和空间；

（7）自己没"叫"，点炮让对手和牌，以保住自己由"下雨"而获得的胜利果实。

舍牌是有通则可以遵循的。通则是适合于一般情况的规章或法则。麻将竞技中舍牌的通则有以下几条：

（1）保留符合自己构想的牌，不符合的则舍出。

（2）在这个前提下，保留"联络价值"高的牌，舍去"联络价值"低的牌。

（3）在初盘和中盘前期，先舍生张后舍熟张，免得对手"下雨"；这个阶段舍错一张牌，是可以挽回、补救的。在中盘后期和终盘，则先舍熟张后舍生张，免得点炮；这个阶段，舍错一张牌，往往会造成"一步插错，百步难回"的后果。

（4）保留高番张，舍去低番张。

（5）保留可快和的牌，舍去会慢和的牌。

以上五条也可概括为"求宽、求大、求快"六字诀。

第三，在不同阶段注意的要点。

牌势的发展像一条河，是流动变幻的，不确定因素很多。舍牌，在不同的节点上，有不同的表现形式和不同要求。

初盘阶段的舍牌，气氛比校宽松，这时要强调"以我为主"的原则。

要注意的是：符合自己构想的牌留下，否则舍出。

中盘阶段的舍牌，要强调审时适变。这个阶段，其特征是各家经过调整构想基本定型，要注意的是：

舍牌要服从调整后的构想，摸进的牌可用则留之，不可用则舍之；

牌姿强则攻，牌姿弱则守，舍牌要服从攻守的态势。

终盘阶段的舍牌是最困难的，要把安全意识放在首位。因为，终盘阶段各家的牌势已经定型，大都入听，很可能是大牌；同时牌手对各家的牌势都有所了解，大体也知道牵制与被牵制的关系。要注意的是：

不要轻率舍出险张，要记住"隔巡无熟张"的牌谚，不要随意追熟而舍牌；

要"抓大放小"，找到三个对手中的主要对手，谁在做大就盯住谁，有利于他的牌尽可能留下，不利于他的牌舍去。

经常遇到的情况是，摸进一张疑似很危险的牌，舍去，可能点个大牌；留下，可能毁掉自己的牌势。怎么办？一靠计算，二靠勇气。要依靠概率去舍牌，不要靠运气去舍牌。

第四，"安全张"与"危险张"。

"安全张"就是指不会遭到损害、不会被"下雨"、不点炮的牌；反之，就是"危险张"。

在舍牌时，想得最多的就是"安全不安全""危险不危险"，有时很难判断清楚，多少带点盲目性，要做到百分之百准确，几乎是一件不可能的事情。

为了解决这个困难，有的麻将书中把安全牌分为三类，即"绝对安全牌""高度安全牌""放炮安全牌"；同时也把危险张分为三类，即"绝对危险牌""高度危险牌""碰牌危险牌"。

这种分类有多少实用价值就很难说清楚了。因为打麻将不是制造工业产品，能做到丝毫不差。打麻将是智力游戏，是智慧的较量。"绝对"和"高度"在行牌过程中，在多数情况下，是很难区别和判断出来的。其原因，在于牌势变幻，各方都在保密，不确定因素随时可能出现。安全不安全，危险不危险，都是相对而言的。故这种分类说得有点玄乎，没有办法操作。

区别"安全张"和"危险张"难在哪里呢？在于各人的判断不同，结论也不一样。你说这是一张安全牌可以舍出，他却说这是一张危险牌不能舍出。为什么会得出相反的认识？或为什么会出现这种差异？

因为每个人看问题的视角不同，对牌势的认识不同，对上家、下家、对家牌型的判断不同，对自己的优势和劣势分析不同，所以出现判断上的差异就是很自然的事情了。

从哲学上来说就是对可能性与现实性的识别不同。"可能性"是指事物发生的概率，即包含在事物之中并预示着事物发展趋势的量化指标，是客观的。没有可能性就没有现实性，可能性是现实性的必要条件；没有外界条件，可能性转化不成现实性，外界条件是现实性的必要条件。面对这个问题，差异就出来了：在行牌过程中，你说"有条件"，他说"没条件"；你说"可以实现"，他说"不可能实现"。

这就是牌手综合实力的差异、竞技水平的差异。这是很正常的现象，这也是麻将趣味的源泉。

"物之不齐，物之情也"！万事万物的发展正是有了差异，有了竞争，有了新旧交替才能发展起来。我们可以反过来设想一下，如果每个人的判断都是一致的，竞技也就不存在了，麻将也就不存在了。

要提高处理"安全张"和"危险张"的技艺，从哪里入手呢？要提高辩证唯物主义的思辨能力，要提高分析、判断牌势的水平，提高运用概率处置舍牌的自觉性。有了把握牌势的能力，有了清晰的分析，有了准确的判断，这才是处置"安全张"和"危险张"的要诀！

第五，在"以我为主"前提下舍牌的辩证思维。

在麻将竞技中要坚持"以我为主"的理念。这一盘牌应有什么构想，应怎去打，要从实际出发，怎样对自己有利，你就怎去做，应当以自己的快"下叫"、快和牌为出发点。

麻将竞技最大的特色是一对三，每位牌手要面对三个对手。要看到对手的虎视眈眈，要知道三位对手都在千方百计地利用你舍牌时出现的漏洞而欲把你逼到悬崖的边缘……四方的形势是在相互联系、相互制约、相互矛盾、相互斗争中发展变化的。这种客观的情势和竞技的特色，没有"以我为主"的理念，就分不清东南西北，就站不住阵脚，就失去竞技的能力。

这是一个方面。还有另外一个方面。

在坚持"以我为主"的前提下，也要坚持"保己顾彼"的原则，必须顾及对手的需要。不顾对手的需要轻率舍牌，"以我为主"很可能立即成为泡影。

在某种意义上说，摸"进"一张牌是为我的，"舍"一张牌是为他的。如果你只关心自己的牌势，"只埋头拉车，不抬头看路"，随意舍牌，把下家喂成一只狼，那么待这只狼吃饱以后，它就会向你反扑过来，把你咬得血淋淋的……

"以我为主"与"顾及他人"并不是对立的，而是辩证的统一。要做到"以我为主"，自然要顾及对手的牌势，要"眼观六路，耳听八方"，依据对手的牌势，采取对策使对手处于被动的地位。

32. 怎样理解牌理与牌技的关系?

牌友中对这个问题的议论比较多，认识差距也比较大。

有一种说法：牌理谁能说清楚？技术好走遍天下。

还有一种说法：说牌理的都是个人体会，各说各有理；最吸引人的应是打牌技巧。

有一种说法更直接：少说空道理，多说赢牌的绝窍。

这些说法概括起来就是轻蔑牌理，看重牌技。

学习打麻将，是牌理重要还是牌技重要呢？

看重牌技并没有错，精湛的技术是麻将制胜的要素。打麻将不懂技术，上桌就分不清东南西北。

轻视牌理却是错的，错在哪里？

打麻将是分层次的。正如我们平时唱卡啦 OK，唱一唱、乐一乐就完了，不必去要求艺术水准的高低。有些人打麻将也像唱卡啦 OK，乐一乐、笑一笑就完了，不必去要求技艺水准的高低。

然而许多人并不满足这种玩法，那就必须要懂一些牌理，否则，你就不能跨上新的台阶。

因为牌理是研究麻将制胜规律的道理。认识规律，适应规律，才是科学的认识论。只有如此，才能自由地发挥技术潜力，才能在错综复杂的牌局中游刃有余。懂了牌理，就像站在高山上，能清楚看见前面曲折蜿蜒的道路；而不懂牌理，就像在迷罩浓雾中，会趑趄不前。重视牌理眼睛才明亮，视野才宽阔。

轻视牌理的人，往往把一些探讨性的文章看作是"个人体会""个人心得"，好像没有什么价值。这种轻蔑的态度是不对的。在麻将文化研究领域。"个人体会""个人心得"探讨性的文章越多越好，积累多了，共识多了，进步也就快了。

牌理绝不是空谈，是很实用的指南针，而且是须臾不可离的。

牌理与牌技的关系很像骨肉关系。理是骨骼，技是依附在骨骼上的肌肉。从学术研究来说，可以分别论述，剖析各自的功能；而在实践中，两者是融为一体的，是一个生命体。我们在牌艺中，往往是理、技不分。比方说"对处不如一卡"，这句话既是理论概括，又是具体技法。说是理论概括，是指这句话中包括"对处"与"一卡"两种概率的对比，从对比中揭示孰优孰劣；说是具体技法，是指这句话教你怎样选"叫"。前者是理，后者是技。类似这样的例子是很多的。

在一个麻将比赛现场，笔者曾经看见几位牌友围着一位冠军请教赢牌的诀窍。冠军一再讲要顺势而为，不可逆势而取。其实这就是制胜的根本法则，同时也是根本的技法。然而几位牌友很不满足，一直追问具体的赢牌的技术。冠军则说："打麻将像是在河里划船，有时风平浪静，有时险滩阻挡，有时沙尘满天，有时骤然暴雨。不知道具体、特定的环境，我也真不知道该怎么打……"

我们可以从这个故事里，得到一点启示。

33. 为什么要强调"两点论"?

"两点论"是什么意思呢?

"两点论"是指一种辩证的思维方法。看待复杂事物，既要看到其矛盾发展过程中的主要矛盾，又要看到次要矛盾，既要看到矛盾的主要方面，又要看到矛盾的次要方面，二者不可偏废。通俗地说，想问题要反复斟酌，看事情要两面看，不要只看一面。

比如在所谓"包赢不输的口诀"中有四句话："牌想碰就要碰，点炮无所谓，上听不要命。"我们来分别解析一下:

"能吃牌就要吃，想碰就要碰"。这话就缺少两点论，只说了一面，而忘了另一面。吃牌也好，碰牌也好，原则应当是:合理的可吃可碰，不合理的不吃不碰。吃碰是有目的的，不能乱吃乱碰。比如吃牌，四归一、增番、边张与绝张，就必须吃，相反就不能吃;比如碰牌，对多、增番、无险就可以碰，相反就不能碰。既要看到利，又要看到弊，有利则为，无利则弃。而决不能想吃牌就吃，想碰就碰，这种是一种盲目性。

再说"点炮无所谓"。"无所谓"就是指不在乎的意思，麻将竞技中最在乎的事情是什么? 就是要和牌，不点炮。怎么能把是非颠倒到如此令人昏厥的地步? "点炮无所谓"就失去了竞技性，还打什么麻将?

其实，点不点炮也需要两点论。

打麻将的技术都是围绕着"要和牌，不点炮"这条轴心而展开的。为了这个目的，一般情况下不能点炮。但有时又需要主动去点炮，这是策略性点炮。如果是打成都的"血战到底"规则，自己在做大牌，有时可以先点一家小和退场，以使自己获得更多的时间和空间做成大牌。

再比如，已经"刮风""下雨"，而自己处境困难，墙牌不多，也可以点炮，以保留已经到手的"胜利果实"。

这些都是策略性点炮、理性点炮、清醒的点炮。这也是制胜的一种技巧。

再说"上听不要命"。用成都话说，就是拼命都要"下叫"，"叫"比天大。打麻将的人都懂得"下叫"的重要性，因为"下叫"是和牌的前提。但是"下叫"的选择是很宽泛的，同样要以两点论的方法去选择。有宽"叫"和窄"叫"，有大"叫"和小"叫"，有难"叫"和易"叫"。有时必须抢着下"叫"，有时却可以拆"叫"，换成另外的更好的"叫"。这些选择都必须以"时"、以"势"为转移，以两点论的方法反复比较，既看现实又看可能。

所有这些都是麻将竞技中的辩证法。熟悉、运用这些方法是提高麻将技艺的最好的途径。要两点论，不要一点论。一点论在观察和处理问题时，只看到一种矛盾情况或一个矛盾方面，而忽视甚至抹煞另一种矛盾情况或另一个矛盾方面，那是狭隘的、片面的思想方法，是麻将竞技中的禁忌。

34. 怎样认识"时间"与"空间"？

"时间"和"空间"是物理学的概念，是物理学的基石。

"时间"和"空间"是指事物之间的一种次序。"时间"用以描述事件之间的先后顺序；"空间"用以描述物体的位形。时间和空间的物理性质主要通过它们与物体运动的各种联系而表现出来。

从相对意义上来说，一盘麻将自始至终的过程也是一种运动形式，其中各种联系的变化都离不开时间与空间的制约。所以讨论一下这个话题，对提高麻将技艺是有好处的。

我们讨论时间和空间，就是要在一盘牌的规定范围内跑到和牌目的地。

一盘牌的空间，就是在各地的规则的制约中，你想可能建筑成的什么样的"楼"；而这空间中的"高楼"，就是规则中的最高的番种。至于能不能建成"高楼"，就看你的技艺能力了。

一盘牌的时间就由于各地的规则不同，其时间长短不一。成都麻将"血战到底"，几乎每盘使用的时间都不一样。我们暂定为每盘5分钟，这5分钟就是我们在一盘牌中自由奔跑的时限。在取得13张手牌的起点上，想怎么跑都可以，经过序盘、中盘、终盘，到5分钟时是否跑到目的地，就看你的技艺能力了。

时间和空间都是相对的，时间是物质存在的"持续"属性，空间是物质存在的"广延"属性，它们之间的关联是互相制约，又是互相促进的。

在自己牌势极佳的状态下，关注空间，尽可能做高番牌，甚至牺牲一点时间（点走一家小番）也在所不惜。这也是以时间换空间。

相反，在自己牌势极差的状态下，关注时间，尽可能做小番，甚至牺牲一点空间（自动降番）也在所不惜。这是以空间换时间。

上面是两个比较极端的例子。实际上牌势的发展是变幻的，要坚持唯物辩证的思想方法，顺势而变，跟着牌势往前走。有客观的空间条件，又有时间的条件，就做大牌；相反，空间狭窄，时间短缺，就做小牌。

在麻将桌上，常常看相背的情况：在序盘或中盘初期，明明还有时空的条件，可以做牌，而牌手却只赢了一个小番就"告退"，浪费了可利用的"客观资源"；或者在终盘只有取四五张牌的机会了，几乎没有时空条件了，还在坚持做大牌，结果肯定是掉进深渊。

总之，牌势变，时空变，主观的构想就跟着变。认真对待时空条件无疑是十分重要的。

35. 什么是"合理区间"?

"合理区间"是经济学中新出现的一个科学概念,大意是讲国民经济只有在一个合理的区间中运行,才能保持隐定、健康的发展。其要求宏观指导思想中既要看到合理的"上限",又要看到合理的"下限";通俗点说,既要抬头看天花板,不要碰破头,又要低头看地下,不要摔跟头。

所以,"合理区间"是指一种科学的宏观指导的思想方法。这种思想方法在麻将竞技中是非常适用的。

打一盘麻将,拿到 13 张手牌全凭运气。这 13 张手牌为你提供了一个可创造的"区间",你只能依据这个"区间"提出这盘牌的主观构想。

我们以成都"血战到底"规则来说:

如果 13 张手牌中没有对子或者只有一两个对子,那么在其所限定的"区间"内,做个小番是可能的,而想做成暗七对是不可能的。

再比如起手 13 张手牌中,有五六张条子,而且对手也需要条子,这样的"区间"想做成小番是"合理的",而想做成条子清一色则是不"合理的"。

起牌以后这个"可能区间"是一直处于相对变化之中的。眼下是"合理的",几巡以后又会变得"不合理"了;或者几巡以后,"不合理"又会变成"合理的"了。比如前面所举之例:13 张手牌中没有对子或者只有一两个对子,在其所限定的"区间"里,想做成暗七对是不可能的;然而若在行牌中连着摸进四五个对子,原来"不合理区间"又变成"合理区间"了。

"合理区间"给我们提供了作为的时间和空间。其"合理不合理"是相对于我们对一盘牌的主观构想而言的。

有了对"合理区间"的意识,就可以增强主动作为的信心。因为敢不敢作为,不能只靠主观构想,而主要靠有没有"合理区间"。有,则可以适度放开胆子去作为；无，则应回旋等待、伺机而动。

有了对"合理区间"的意识，就可以在跌宕起伏的牌势面前，进退并举，盘活全局。先认识"区间"的容量和范围，再确定主观设想的可能性。在这个前提下，能做成什么牌，就去做什么牌，能进则进，能退则退，能大则大，能小则小。这样就能保证牌势的稳妥、健康发展。

有了对"合理区间"的意识，可以增强定力，排除干扰，就要勇于拼搏去实现主观构想。定力是智慧的基础，就是将注意力持续放在一"节点"上的能力；而有了定力，就不容易心随境转，不受外界干扰，遇事能宁静处之。

有了对"合理区间"的意识，可以保持牌局长久、稳定的发展态势，避免大起大落；否则，一会儿"发高烧"，一会儿"抽寒颤"，容易引起心态波动，使人丧失信心。麻将高手都很注意牌势的均衡发展，而"靠手气吃饭的"麻将新手往往忽略这个问题。稳定的、均衡的发展才是持久的可持续的发展，才是科学的发展。

36. 为什么要有"底线思维"？

所谓"底线"，在运动场上是指足球、篮球、排球等场地两端的界线；而在日常生活中，则是指"最低的条件""最低的限度"的意思。

麻将竞技要有"底线思维"，是指我们在分析判断牌势的时候，要辩证，要全面，要看到做成高番的可能性，也要看到出现最坏情况的可能性。

一盘牌开始，取得 13 张手牌后，开始审牌。通常情况是想这手牌可以做成什么样的高番，在行牌过程中也为此而努力。而若很少思考这手牌的"底线"是什么，也就是很少思考做不成高番其最坏的结果是什么，即只望高空，不看低处；只想花开，不想花败；一旦失落就情绪波动，怨天尤人，怪罪自己"手气比脚还要臭"，"简直是倒霉透顶了"，甚至到一蹶不振的地步。

如果有"底线"思维，预估到了最糟糕的状况，心中有谱，就不一样了。在麻将竞技中，同在日常生活中一样，要善于运用"底线"思维的方法，凡事从坏处准备，努力争取好的结果，"有危无患"，遇事不慌不乱，这样才能牢牢把握住主动权。

麻将竞技讲究看大势、观大局，有了"底线"思维，可以增强战略定力。因为心中有谱，善于排除干扰，就会不随物流、不为境转；否则，会在做牌时犹豫不决，摇摇摆摆，变来变去……战略定力就是清醒地在"合理区间"稳定优势，发挥自己的实力。

麻将这种游戏最大的特色之一充满了辩证法。因此玩麻将的人，必须具有辩证的思维方式，既要看到牌中的优势，又要看到自己的短板；心中有谱，胸有成竹，才能做到任凭风浪起，稳坐钓鱼台。此乃制胜之法宝也！

37．为什么要"善于权衡"？

"权衡"这个词儿的大意为："权"，是指称砣；"衡"，指是称杆。权衡，就是比较和衡量。我们思考问题的时候，要比较一下哪一个有利，哪一个有害；特别是思考、处理复杂问题的时候，更要依据不同的对象、不同的时间和地点，比较一下哪一个有利，哪一个有害。

俗话说，"两弊相衡取其轻，两利相权取其重"就是这个意思。一件事件发生了损失，如果不能全力排除损失，就要选择损失最轻的一种；而一件事做好了，如果不能收取全部的成果，就先择收获最大的一种，这就叫"权衡利弊"。

打麻将的朋友要养成善于权衡的习惯。因为打麻将的过程，其实就是一个不断权衡的过程。打麻将的关键技术是怎样舍牌，而每一次舍牌，都是权衡利弊的结果；推动牌势是进是退，是胜是负，就是你权衡利弊的水平。

初盘要审牌，审什么？就是权衡，即反复比较和衡量：这13张手牌可能做成什么番种？可能性能实现多少？实现不了会带来什么后果？等等。

进入中盘要反复权衡：是进攻还是防守？进攻，是否具备合理的时间和空间？防守，是否会失去做大番的机会？如果举旗不定，那么这是慎重，还是犹豫？等等。

进入尾盘要反复权衡：是坚持原来的构想，还是"安全为先"？牌势是平稳的，还是出现了异动？坚持构想的底线是什么？做到安全的代价有多少？等等。

上面说的是行牌过程中的主要方面的权衡。其实在行牌过程中，时时处处都在比较和衡量。可以说，权衡是每位牌手必须具备的基本功。

怎么才是科学的、有效的权衡呢？

权衡不能跟着主观意志走，不能跟着习惯感觉走，更不能跟着当时的情绪走，而应当按照唯物辩证的方法往前走。为此，要点有三：

一是要从客观实际出发。最初进的13张手牌全由手气决定，这是我们开始权衡所面对的现实，其牌相好也好，坏也好，中不溜也好，都是我们认识的起点，必须在这个起点上提出这一盘牌的构想。

二是要始终权衡牌势是否在"合理区间"运行。既不能冲破上限，也不能冲破下限；既不能冒进，也不能滞后。要及时调整出现的不合理的偏差，使牌势能持续、健康地发展。

三是要权衡是否顺"势"而行、随"时"而变。在行牌过程中犯些小错是难免的，但不要犯"失势""逆时"的大错。"知势则不沮"，要认识"牌势"，顺"势"而为才能取得胜利，否则就叫"失势"；也不能失"时"，"时"至则行，"时"去则止。

这就是要权衡的重点和方法。

38．怎样理解"能屈能伸是丈夫"?

北宋邵雍是个大人物、哲学家、易学家，享有"内圣外王之誉"。他留给后人的著作中，有一句很有名的话："知行知止唯贤者，能屈能伸是丈夫。"这句话经典地充满唯物辩证的思维，是待人、处世的通理。

这与打麻将有什么关系呢? 关系极大。"知行知止""能屈能伸"这八个字，就是麻将技艺中的精髓。我们从麻将攻守关系上来看"行、止、屈、伸"的运用:

一是"牌势"极佳，完全具备做大和的条件。这时要"攻"，要"行"，要"伸"；要有霸主的气势，傲然出击；要像戏剧《穆桂英挂帅》中所唱的"我不挂帅谁挂帅，我不领兵谁领兵"；要豪情满怀，不畏风险，赴汤蹈火，去争取胜利。

二是"牌势"尚可，可以做大，但尚有困难。这时要步步为营，求上取中，以攻为主，机动灵活，能"伸"则"伸"，不"伸"则"止"；要像麻将谚语所要求的——"有局望大，无局求快"。

三是"牌势"中下，行牌沉闷。这时要慎"伸"，会"屈"，安全第一，小富即安；要沉着冷静，步履谨慎，投石问路，避免点炮。

四是"牌势"很臭，荆棘丛生。这时要善"止"，善"屈"，小心翼翼，躲避风险，尽快逃跑；跑不掉，也要不惊不诧，不露声色，尽量"划船"，寻找绝境求生的机会，尽量减少损失也是不错的结果。

"牌势"的变化是非常复杂的，是无穷无尽的，没有一个固定的模式。在实战中，"牌势"如风，说变就变，优势转眼化为劣势，劣势转眼变成优势。也许这正是麻将吸引人的地方。

当然，是虎不能只卧着，是龙不能只盘着；要伺机而动，该出山就一吼跃出，该腾飞则乘风而起。

我们应对变化无穷的"牌势"，方法很多，概括起来就是"知行知止"

"能屈能伸"这八个字。

古话说："兵无常势，水无常形；能因敌变化而取胜者，谓之神。"我们要在"无常势""无常形"的变化莫测的状态中，学会"知行知止""能屈能伸"，机智敏捷地"势"变我变。

39. 为什么"不可逆取"？

《汉书·贾陆传》中有句成语叫"逆取顺守"。

"逆"，是指背叛；"顺"，是指合理的意思。这里是一种讲文武并用、长治久安的治国理念。

上世纪六十年代，有一次周恩来总理同庄则栋谈打乒乓球的道理，翻新了这条成语，说"只能顺守，不可逆取"。庄则栋把这八个大字写成一幅中堂，长期挂在客厅里。

"不可逆取"，既是一种理念，也是一种思维方式；既是对乒乓球技术规律的概括，也是对竞技运动规律的概括。

笔者在打麻将的时候，经常咀嚼这句成语，感到这四个字对提高麻将技艺同样是非常重要的；麻将技艺的基本规律，最简要的概括就是"谋势"。打麻将过程中所有精彩纷呈的内容，自始至终就是围绕着"谋势"这两个字而进行的——

"谋势"，就是主观的"谋"去顺从、去应对客观的"势"：

一方面是客观的变化无常的"牌势"，一方面是主观的方略、计谋、战术的应对；换言之，也就是主观怎样认识、顺从、判断、应对客观。

这里必须强调，客观之"势"是第一位的，主观之"谋"是第二位的，不容颠倒，不容逆转，只能顺而取之，不能逆而夺之；说得通俗一点，顺"势"就可能赢，逆"势"就必然输。

在麻将桌上逆"势"而行的现象是比较多的，有些是自觉的，有些是不自觉的；有些比较严重，有些比较轻微；有些是没有意识到什么是逆

"势"而行。其主要表现如下：

一是我行我素。不管你们说什么，你有你的千条计，我有我的老主意。不论"牌势"怎么变化，只走自己认定的路子。这说得好听一点是"有性格"，说得不好听一点是"僵化刻板"，只会埋头走路，不会抬头看天。这样打麻将，必然经常摔跤，说不定还会掉进窨井里去。

二是任意而为，贪大贪多。许多人认为打麻将的人几乎都贪，但问题在于，每个人对实现贪的"可能性"的认识差别很大，有的清醒，能取则取，不能取则停手；有的胆大，有条件要贪，没有条件也要硬着性子往前闯，勇往直前，甚至碰破头皮还不服气。

三是自作聪明，认为自己是鹤立鸡群，别人做不到的事情，自己有能耐做成；甚至认为好运气是他永远的"专利"，任何腐朽都能化为神奇。

这些朋友有一个共同的特点，就是对"物质是第一性的"缺乏敬畏的心态，夸大主观能动性的作用，不懂得顺"势"是唯物论的，逆"势"是唯心论的。

打麻将可以打得很时尚、很浪漫甚至充满想象力，演绎出五彩缤纷的活剧；然而，必须要有一个真实的舞台，没有这个前提，那就只能是梦幻泡影了。

40. 怎样"回避锋芒"？

平时我们所说的"锋芒"，多指刀剑的尖端，比喻事物的尖利部分。

麻将桌上或在行牌过程中的"锋芒"，一般情况下是指：

有的牌手牌艺高超，技术精湛，气势咄咄逼人；

有的牌手"运气"特好，顺风顺水，屡屡告捷；

……

整个"牌势"像乌云压城，自己陷入重重包围，仿佛前后左右都是陷阱。

麻将制胜的金钥匙

打麻将的人都经历过这种让人狼狈的"困境"。换句话说，主要是自己手气很霉的时候，几乎没有还手之力、非常无奈的一种"困境"。

所谓"回避锋芒"，就是指怎样认识、对待、摆脱这种困境。

对来势汹汹的锋芒不能"顶"，更不能"硬顶""死顶"。"硬顶""死顶"是缺乏理智的表现，后果很可能是可怕的崩溃，主要是心理的崩溃……当然也不能"躲"，这位"不速之客"来都来了，"躲"是"躲"不掉的。

怎么回避呢？

首先要面对困境沉着冷静，认真对待。古时贤者论述审时度势时经常讲这样的道理："善用兵者，避其锐气"；"治兵如治水，锐者避其锋"。这是面对现实的唯物的思维方法，要有勇者、胸怀和气慨，"猝然临之而不惊，无故加之而不怒"。这种面对风暴气定神闲的心态，在麻将竞技中是很重要的，这是摆脱困境的前提。

其次，要认识这种困境并不是针对你个人的"从天而降的横祸"。这是行牌过程中各种客观原因交织在一起而必然会出现的境遇，并不是老天爷对你的惩罚，每个人都会遇上。打麻将的运气，肯定有高潮也有低潮，同时不间断地转化着。"水波而上，尽其摇而复下，其势固然者也。"有涨潮，也有退潮，时高时低，时涨时退，都是自然趋势，是很正常的现象。手气时好时坏，这是麻将桌上的常态。这样对待行牌中的困境，心胸会坦然而宽阔，情绪也会沉静下来。

再次，要善于迂回，善于"养牌"，善于权变。古人说："虽有诚信之心，不知权变，危亡之道也。"这时要避免急躁，行牌要警惕一些、谨慎一些，要沉稳一些。"养牌"不是消极等待，而是养精蓄锐，是一种有信心的积极的情绪；不贪大，不高攀，不冒进，能迂回则迂回，避免逆"势"而为。

还要注意的是，"麻将是人性的锻炼场"，"低潮"期往往是磨练意志的特殊环境；懂得走出"低潮期"的最佳选择就是坚持，调动自己，鼓励自己。对待困境也要辩证，过去读雨果的《悲惨世界》，其中有两句话很富哲理：他说："苦难，经常是后娘，有时却也是慈母；困苦能孕育灵魂和精神的力量。灾难是傲骨的奶娘；祸患是豪杰的好乳汁。"这些话不仅是麻将竞技中的金玉良言，也是磨砺人生的座右铭！

41. 为什么要"以我为主"？

在麻将竞技中要不要坚持"以我为主"的理念？有位麻友说："我从来不提倡以我为主！"有些朋友则置疑："杀猪杀屁股，各有各的杀法，不能以什么为主。"还有的……

首先要来探讨一下，麻将竞技中的"以我为主"是什么意思。

笔者以为是在行牌过程中，面对复杂多变的形势，采取应对措施，都应当以自己的快"下叫"、快和牌为出发点。这个出发点，就是"以我为主"的理念。

换一句通俗的话说：这一盘牌应有什么构想，应怎么去打，应从实际出发，怎样对自己有利，就怎么去做。

其实，这并不是麻将竞技所独有的理念，而是对所有竞技体育、竞技游戏的共同的、起码的要求；如果没有这个要求，竞技项目就没有"竞技"了，这个竞技项目也就名存实亡了。

麻将竞技最大的特色是一对三，每位牌手要面对三个对手，这个情势更是要求要"以我为主"；这犹如带兵打仗，四方各据一个城堡，各自思考，独立作战，施展谋略，纵横捭阖，斗智斗勇。四方的形势是在相互联系、相互制约、相互矛盾、相互斗争中向前发展的，对你是顺利，对我则是坎坷；对你是增长，对我则是减弱；对你是福祉，对我则是灾祸；对你是胜利，对我则是失败——看似统一，却又对立；看似对立，却又统一。这种客观的情势和竞技的特色，没有"以我为主"的理念，就分不清东南西北，就站不住阵脚，就失去竞技的能力，必然惨败。

有的朋友不同意"以我为主"，而强调应当是"关心他人比关心自己为重"（意思是指关心他人的牌势比关心自己的牌势为重）。当然这种认识也有一定道理，因为如果你只关心自己的牌势，"只埋头拉车，不抬头看路"，随意舍牌，把下家喂成一只狼，这只狼吃饱以后，就会向你反扑过来，把你咬得血淋淋的……这种现象在牌桌上是常见的。

其问题在于，"以我为主"与关心他人牌势并不是对立的——要做到"以我为主"，自然要关心对手的牌势，并依据对手的牌势，采取对策使对手处于被动的地位，所以说关心他人牌势，正是"以我为主"份内要做的事情。

也有朋友提出，打麻将要"眼观六路，耳听八方"，"以我为主"行得通吗？肯定行得通。"眼观六路，耳听八方"是为"以我为主"服务的方法，即前者是方法，后者是目的，两者是不能割裂的整体。

以上认识上的两端，都甚偏颇。我们观察事物，要辩证统一，既要看到矛盾的次要方面，更要看到矛盾的主要方面，还要看到两者的转化，而不能片面，不能滞塞，更不能割裂。

还有朋友提出"让球"问题。在体育竞技中，常常发生"让球"的现象，表面看去像是"为他"而不是"为己"，而实际上，"让球"的目的常常是为了下一轮避开强手，出发点还是"为己"，只是走个曲线而已。只不过，"让球"却是违背体育精神的，常常受到观众与媒体的谴责。

笔者还想强调的是，麻将竞技中所说的"以我为主"，不是妄自尊大、漠视一切，也不是我行我素、恣意妄为，更不是"我的是我的，你的也是我的"那种利己主义，而仅仅是麻将竞技中的一种正常的、科学的思维方式、制胜理念。

如果缺乏"以我为主"的理念，最大的危害，是在麻将竞技中缺乏进攻意志，客观条件再好也无动于衷，即缺乏远见卓识，缺乏敢于胜利的勇气，任何情况下都小心翼翼，一味追"熟"，左顾右盼，如履薄冰，生怕掉进河里，甚至不惜失去宝贵的时间和空间，也不敢舍出一个生张……这种"迷失自我"的状态，在麻将竞技中是一个盲区；养成这种惰性的习惯，肯定要走进麻将竞技的"悲惨世界"。

当然"以我为主"也绝不是提倡一味进攻，而是提倡一切从实际出发，具体问题具体分析，要善于从实际出发，善于分析判断牌势，善于抓住机遇，同时也要善于回避风险，善于把损失降到最低程度。离开辩证唯物主义的科学方法论，"以我为主"的理念，就变成了一句苍白的空话。

42. 有没有"关键张"?

麻将竞技中有没有"关键张"? 什么是"关键张"?

有的认为桥牌中有"关键张"，叫"罗马关键张"，但没听说过麻将中有"关键张"; 有的认为麻将几分钟打完一盘，张张都是关键，"走错一步，百步难回"; 也有的认为打麻将就是凭感觉，你感觉哪张牌很关键，那张牌就是"关键张"; 有的认为"关键张"很重要，是值得研究的一个课题……

应当怎样认识"关键张"?

笔者认为在一般情况下，我们所说的"关键"，是比喻事物最关紧要的部分或者说是指对情况起决定作用的因素。从这个意义上来讲，关键不关键都是相对而言的。在麻将竞技中是有"关键张"的，而且识别、把握、运用"关键张"，是制胜的一个重要环节。

在行牌过程中以下几种牌应当是"关键张":

在初盘，决定这盘牌构想的牌是"关键张"。最初数巡我们叫"审牌"，审什么? 最重要的是从到手的13张手牌的实际情况出发，审其可能实现什么样的构想。清一色? 对对和? 带根自摸? 带幺? 平和? 思路决定出路，有什么样的构想才有什么样的打法。根据自己的构想，舍出的牌就是"关键张"。

进入中盘，决定是攻是守的牌是"关键张"。带着初盘的构想进入中盘，这时牌势已经发生很大的变化，有时是变好了，有时是变坏了，有时是改变、颠覆了原来的构想而形成了新的构想。这时一定要从实际情况出发，必须"势"变我变，"势"强则攻，"势"弱则守。这种因调整、转型而舍出的牌就是"关键张"。

进入尾盘，决定安危的牌是"关键张"。尾盘的牌，尤其是成都的"血战到底"，一般都是剑拔弩张、虎视耽耽、十分"凶险"的，每打出一张牌都会牵动各家的安危。如果自己的"牌势"极佳，经过缜密考量，可能攀登到顶峰，该出手时就出手，要有胆略，拿出霸气，去夺取胜利；而在一般情况下，则要牢记"知止而有得"的古训，把"安全"放在第一位。成都的"血战到底"，进入尾盘一般都是大牌，一盘牌的胜负往往决定一圈或一局的胜负，所以，最维系安危的牌是"关键张"。

以上是从一盘牌的过程而言的，也是从人的主观方面来说的。如果从急剧变化的动态中来观察、从客观方面来说，就更加复杂了，甚至会经常出现诡谲怪诞的现象。在行牌过程中客观的偶然因素往往出乎意料地从天而降，时而好得出奇，瞬间满天霞光；时而坏得离奇，刹时遍地疮痍。这种从天而降的"关键张"，也就是手气好坏出现的"关键张"，具有突然性和怪异性，常常让人感到意外和不可思议。

主观方面的"关键张"，也可以说战略、战术方面的"关键张"，我们主观上是可以掌控的；而客观方面偶然出现的"关键张"，我们是无法控制的。

由于麻将竞技的不确定因素太多，无论是主观的和客观的"关键张"，都是指"最关紧要的"或"起决定作用因素"的牌，有时是一张牌，有时是两三张牌。

这里有个问题是要十分注意的：客观的"关键张"我们是无法控制的，但这并不等于束手待毙，也不等于无能为力！只要应时而动，顺势而变，只要冷静、敏捷、适应、机警，就能把主观的"关键张"和客观的"关键张"协调起来，得心应手地施展自己的牌艺，收获一个又一个智慧的果实。

43. 为什么要重视"临场发挥"?

所有的竞技性比赛都有"临场发挥"的问题。比赛的时候,我们常常看到两边水平相当的运动员上场,记者问教练或裁判:"甲、乙双方,谁能获胜?"教练回答:"这就要看他们各自的临场发挥了!"

这就是说竞赛双方技术水平相当,而决定胜负的主要因素就靠各自的临场发挥了,可见,临场发挥是很重要的,是个值得探讨的问题。

需要强调的是,临场发挥不仅是麻将比赛中存在的问题,而且比其他竞技项目更为重要。其原因有三条:一是麻将竞技中的偶然性因素多得多,牌手的心态变化很大;二是几分钟打完一盘牌,胜负的冲击频率很快;三是引起的争执和矛盾比其他项目复杂得多。

怎样才能取得麻将比赛临场发挥的最佳效果呢?

一是要稳定——心态和情绪都要稳定,这是所有竞技体育项目比赛的共同要求,也是首要要求。"入局斗牌,必先炼品。品宜镇静,不宜躁率",要"心无旁骛",要沉静、平和、神定气闲。有了这一条,就有了争取胜利的基点;没有这一条,就等于"未战自败"。

二是要专注。这是对麻将精品化程度很高时所提出的要求。打麻将的人都有一种体会,往往是一念之差、一步不慎而痛失城池,所以,要十分专注。在比赛过程中,各种信息纷繁而来,牌势瞬息万变,不确定因素很多,所以要求参与者要精力集中,头脑冷静,思维敏捷。

三是要适应。参加比赛的时候,我们几乎都会发现与自己"很不适应"的情况。比如有些程序、规则不尽人意,有人违规抽烟,有些窗户反光很强,有些人说话粗俗,还可能发生意料之外的争执,等等。要求所有的客观条件符合自己的心愿是不现实的。这时要宽容、大度、忍让,不要凑热闹,不要火上加油,而要做"和事佬",要提倡"一团和气",要善于化解,善于平息,善于适应。

四是要应变。应变就是能对付突然发生的情况。在麻将比赛中，突然发生的情况非常多，主要是输赢反差引起的波动、应时与失时引起的波动、得势与失势引起的波动、裁判不公引起的波动等等。这时应当及时、灵敏地应变，要及时发现、捕捉到波动中的机会，使自己始终处于主动位置。

参加麻将比赛的时候，每位牌手都要承受很大的压力，稳定、专注、适应、应变，就是临场比赛要注意的要点。这些主观上的因素，都是可以通过实践锻炼出来的。

这八个字概括起来有一个精髓，那就是心理学中所说的"活在当下"的能力。什么叫"活在当下"的能力？其大概的意思就是：时间才是我们最大的财富；而我们所拥有的时间，只有当下，拥有了现在，我们也就拥有了过去和未来。所以要放下负担，快乐地生活在此时此刻，而对未来会发生什么不去作无谓的想象与担心，所以无忧；对过去已发生的事也不作无谓的思维与计较得失，所以无悔。人能无忧无悔地活在当下，喜悦而不为一切由心所生的东西所束缚，过好每一天，珍惜现在所拥有的一切，活出自我，活得精彩。

在麻将竞技中是如此，在生活中也是如此。

44. 怎样理解"行与智""心与胆"的关系？

人们常说，中医与麻将一脉相通的地方很多。

一个是中华民族所独有的中医医学，一个是中华民族所独有的民间游戏。这两种古老的文化，都彰显出了中华民族的聪明才智，博大精深。这两门学问，智慧相连，情趣相融，难怪有人说"打牌如诊病"。

唐代大医学家孙思邈，史称"药王"，著作甚多，传世的有《千金要方》和《千金翼方》各三十卷，十分珍贵。孙思邈有句名言：

"善为医者，行欲方而智欲圆，心欲小而胆欲大。"

这句话把行与智、心与胆的辩证关系讲得十分精致。大致意思是说，"行方"是指不贪名、不夺利，心中自有坦荡天地；"智圆"是指遇事圆活机变，不得拘泥；"心小"是指要如临深渊，如履薄冰，小心谨慎；"胆大"是指要有武夫般的自信和气质。

这种行与智、心与胆的辩证关系，对行医是如此，对打麻将也是如此，完全可以说是"麻将箴言"！

打麻将必须有战略意识和大局意识，而行牌则必须小心谨慎，如履薄冰，这两者要统一。打麻将必须要有制胜的信心，高昂的气势，又要有机敏灵活的方法，这两者要协调。

医师平时爱说一句话："看好病，要有狮子的心、巧妇的手。"说的就是这种辩证关系。

这种辩证关系，是看病的经典，是麻将的箴言，也可以说是人生奋斗的指南。据说过去有个故事，父亲送儿子一把腰刀，嘱咐："常佩之，可福贵。"儿子以为是防身之用，抽出一看刀上刻两行字："胆欲大而心欲小；行欲方而智欲圆。"

在现实生活中，几乎人人都有追求，有梦想，有目标，要面对许多挑战与机遇，因此，要敢于筹划，而在实施计划时，则要思考周密，不能疏忽大意；或者说，就是要战略越宏伟而策略越细密，计划越大胆而措施越仔细。这是取得成功的正确途径。

看病如此，打牌如此，人生也是如此。

45. 怎样认识"易"和"难"？

有朋友问，打麻将容易吗？

笔者回答："很容易，学麻将都是耳濡目染，一看就会。"两周以后，他果然能上桌了，又问："打好麻将困难吗？"

笔者回答："很困难！"

朋友瞪着眼睛困惑地望着我，好像在说："我不是已经会打了吗？"

这是常见的现象。有些打麻将多年的人也是如此，满足于自己的经验，只知其易，不知其难。

麻将同其他事物一样，入门容易"修行"难。比方说，学会骑自行车容易，练出车技就困难了；按一下傻瓜相机的快门容易，拍出摄影作品就困难了；炒个菜容易，当个烹饪师就困难了。一般来说，这是事物的通理，入了门还要"修行"。

认识麻将的"难"是很有好处的，可以从"自发"状态转变为"自觉"状态，可以从"背动应对"转变为"主动驾驭"。只有"修行"到这种状态，才能真正享受到麻将所带来的美感和快乐。

麻将的"难"难在什么地方呢？大体上说有：

一是谋"势"难。打麻将的过程自始至终就是谋"势"。

这是基本功，也是基本技艺。打麻将的胜负基本上是由谋"势"能力的大小决定的。麻将对手不是一对一，而是一对三，在行牌过程中，要谋整个"牌势"，还要谋三个对手的"牌势"，难度很大。

二是认识"牌理"难。"理"，是指麻将的理论。许多人打麻将是全凭自己的经验，经验多打得好一点，经验少就打得差一点，而不是在科学的"牌理"指导下发挥技艺才能。麻将的理论是指关于麻将的内在规律的认识，认识规律、适应规律，才能高屋建瓴，运用自如。不懂"牌理"犹如堕入浓雾，分不清东南西北。

三是运用战略战术难。牌法如兵法，兵法是一门非常复杂的学问。比如民间熟知的"三十六计"，都可以在麻将中运用。目前有偶尔用之、自发用之的，而真正能自觉、熟练运用是非常困难的。不懂战略战术必然失去主动，失去驾驭能力。

四是培养心性难。打麻将是集体活动，须建立人与人之间互相尊重、互相交流、互相欣赏、互相补充的关系。但这种关系在激烈的竞争、输赢的氛围中往往是扭曲的、变形的，有些人只顾自己，不顾他人，没有礼貌，缺乏公德。真正的麻将高手，大多是修身养性的谦谦君子。

五是提高意志力难。打麻将是战略战术智慧的较量，也是意志力的较量。打麻将的过程中，局势变幻快，常会面对顺利和挫折、成功与失败、惊喜和悲痛，尽管表面上很平静，实际上是"心事如波涛，中坐时时惊"。打麻将能培养胜不骄、败不馁的意志品质。有些人在失利时情绪躁动，坐立不宁，抽烟摔牌，粗野漫骂，如此粗俗、浅薄、缺乏自我约束，是很难打好麻将的。

唐代杜荀鹤有一句诗："辞赋文章能者稀，难中难者莫过诗。"对热爱麻将的人来说，难中难者莫过上述"五难"。我们不能只入门不"修行"，不能盲目自满地在自己狭隘经验的围墙里徘徊。知难，就像爬山，爬得越高，才能领略"一览众山小"的无限风光。

46. 怎样认识"贪"与"险"？

在麻将娱乐中，我们常遇到贪与不贪、险与无险的话题，表面上看似乎非常浅显，仔细一想又觉得很难理解。你看，都说不应当贪心，而许多人却又趋之若鹜地去贪了又贪；你看，在行牌中，面前明明险情四伏，而许多人却偏偏说平安无事，昂首走向悬崖……

在竞技活动的众多的箴言中，几乎都有"勿贪"这一条。然而"贪"的欲望却又像野火一般放肆地四处延烧。

为什么说的与做的有这么大的反差？

贪与不贪，有没有一个明确的界限呢？这里包含着可能性与现实性的关系问题：在客观条件允许的前提下，经过努力可以实现的事情，不能视为贪；在客观条件不允许的前提下，经过努力也不能实现的事情，你却要硬着头皮去夺取，那就是贪了。

讲这样的道理是很容易的，而在行牌的错综复杂的过程中，那个客观条件是"允许"还是"不允许"？是"可能"还是"不可能"？这个界限却是不清晰的，是变幻的、浮动的、不确定的、时隐时现的，这时各人的认识差异就出现了。

你的判断是允许的，他的判断是不允许的；你说是可能实现的，他说是不可能实现的。然而正是在这条认识上的模糊地带，激起各方争夺的智慧和才能，激起各方执拗的思辨和欲望；正是在这种空气和土壤中，爆发出追逐贪婪的欲望……这是真正考验人的认识能力和判断能力的时候。

换句通俗的话说，努力跳三跳能够摘到的果子，你就尽力去摘；努力跳三跳摘不到的果子，就不要强求了，硬要去摘，就有可能跌倒在地上，甚至有骨折的危险。古人说"贪则多失"是很有道理的。

然而人们常说，贪婪是人的本性，至少可以说，贪婪是人性中的阴暗面。其正如一个童话中所描述的，渔夫的老婆起初的欲望，只是想要一只新木盆；得到了新木盆后，她马上就要木房子；有了木房子，她要当贵妇人；当了贵妇人，她又要当女皇；当上了女皇，让那条能满足她欲望的金鱼做她的奴仆……如此一来，她的欲望如同一个漂亮美丽的肥皂泡，转瞬之间就破灭了。这就是"贪则多失"的道理。

古人说，"知止而有得"，智者知止。凡事总有限度，一旦过度，必受惩罚，这是朴素的人生哲理。

打麻将中的"险"可以说是无处不在的，只是险情有小有大之别。从序盘开始，越往后走险情越大；而且，不贪不能说就无险，只能说可能避开大的险情。

从总体上说"贪"与"险"的关系就是如此。

47. 怎样认识情绪化?

情绪化，就是不能控制自己的情绪，遇事非大喜则大悲，容易因小事而大发脾气；也容易因喜乐而手舞足蹈，让人感到他们的喜怒哀乐往往是身不由己的。周围的人往往很难适应这种让人摸不着边际的波动的情绪。

这就是我们通常说的情绪化。其表现的程度、方式是不一样的，具有个性的特征。而这对于打麻将的人来说是大忌。

打麻将要不要情绪？肯定要——要求精神饱满，沉稳冷静，气闲神定，不惊不诧，不屈不挠，信心十足，积极进取；没有这些健康的情绪，是不宜入局的。

在成都麻将娱乐场所，情绪化的表现是很多的。

最常见的是，赢牌时喜笑颜开，眉飞色舞，又说又唱，"噻话"连篇；输牌时则是脸红筋涨，骂牌摔牌，怨天尤人，满嘴牢骚；或者，由于对规则的理解不同，对犯规的处理有分歧而各执一端，争执不休，互不相让，强词夺理，恶语伤人。

这是明显的情绪发泄。有些牌友看去没有或不会有什么激烈的表现，但往往会由于麻友的一些琐碎的事情，比如有人抽烟、有人没完没了的唠叨、有人打得很慢等，而使他烦恼无奈，怒火烧心，思绪慌乱。

还有一种表现，心情舒畅时认真打牌，而因有啥事或困惑时就随意乱打；也有人手气盛时认真打牌，手气逆转就随意舍张了。

所有这些表现，都不符合麻将竞技的心理要求。

打麻将的心境应当是：得勿骄，失勿吝。顺时勿喜，逆时勿愁。不形于色，不动乎声。

情绪化可以克服吗？完全可以。有情绪化的朋友，可以思索一下情绪不稳定的原因——主要是自身的心理素质比较差所致，因此要承认自己情绪中的弱点。从心理学角度说，情绪状态分为三种：心境、激情和应激。心境是一种背景式的主观体验，它反映着个人平静而持久的情绪倾向；激情是一种强烈的、爆发性的、为时短促的情绪状态；应激是人对某种意外的环境刺激所作出的适应性反应。要从这三方面找到自己情绪中的弱点，有针对性地加以克服，抑制、化解消极、任性的情绪，有意识地发扬积极、健康的情绪。

有情绪化的朋友，要学会"情绪管理"来疏导自己，避免自我造成心理上的创伤、作出的缺乏理智的行动。我们生存的世界是一个情绪流荡的世界，情绪处于社会生活的敏感的前沿；对自身情绪的控制与调节能力，成为衡量现代人素质的重要标志。所以，现代心理学提出了"情感管理"的新概念，其旨在控制自己的情感，摆脱强烈的焦虑与忧虑，整理情感，安抚自己，激励自己，增强注意力与创造力，让自己朝一定的目标努力。"情绪管理"不但是对自己的控制与调节，同时意味着在自己与他人互动中营造良好的氛围。

麻将是一种高智商的竞技，有各种概率交织在一起而把各种现实性、冲突性、可能性推到你的面前，要求你在快速作出判断和决策，这时的权衡得失是需要沉稳思考、冷静分析、精密计算、果断决策，而不能"跟着感觉走"，也不能"跟着情绪走"；如果有情绪化的东西来干扰，是十分有害的，后果只能是连连失误。

48. 为什么要注意隐蔽？

打麻将，各方都是严格保密的。每一方都在通过各种方式获取对方的信息，透过种种蛛丝马迹，去伪存真，去粗取精，作出自己的判断；同时，又采取各种方式迷惑对方，干扰对方，把自己的"真实情况"隐蔽起来或者故意诱导对方判断失误……

打麻将像打仗，要学会隐蔽。兵书中说："善兵者，隐其形。"打仗中参战者头戴柳枝帽、身穿迷彩服，把坦克、军车涂成绿色，都是为了隐蔽自己，迷惑敌人；当代信息战中，人们创造了许多隐形技术，最新的要数雷达屏蔽技术，其目的就是最大限度地隐蔽自己，防止敌人偷袭，同时又可以出其不意地袭击敌人。打麻将同打仗是一个道理，在行牌过程中，要最大限度地给对方一种"似有即无""似无即有"的模糊不清的印象。

在国家体育总局 1998 年所审定的《中国麻将竞赛规则》中，对类似问题也有明确规定：规范语言，在行牌过程中只能使用"吃牌""碰牌""杠牌""和牌""补花"等言词；甚至对"暴露张的处理"和"非法信息"有处罚规定。

相对来说，我们成都"血战到底"的约定俗成的规则中没有这些规定，显得很宽松、很粗率、很随意，这是一个很大的遗憾。

成都麻将在行牌过程中，高手一般都是不形于色、不动乎声的；而新手则是另外一番表现，摸到一张好牌就喜笑颜开，拍手说道"神助我也！简直妙不可言，'下叫'了！"，或者摸到一张臭牌就抓耳挠腮，怒火冲天，又骂自己、又拍桌子，说"手比脚还臭，遇到鬼都是一串一串的"。这些表现实际上是把自己"牌势"的情报明白无误地告诉对方了，使自己处于被动的境地。当然，如果是故意送出的虚假情报迷惑对方，又另当别论了。

为了隐蔽，麻将高手一般不会轻易碰牌，因为碰牌越多，暴露越多，同时手中"牌势"回旋余地也少了，组合的机遇也相对减少。但因成都麻将流行"下雨"——"碰牌"可以增加"下雨"的机会，于是"碰牌"就成了一股风。

有的人打麻将的时候，爱喋喋不休地"自我评论"："啊，这把牌真好，现在下雨还是等会儿下雨？""如果做七对，就做不成带幺了，再摸几张牌再说……""哎呀，刚才打错一张牌，变成死'叫'了！"……这种喋喋不休地"自我评论"，是一个坏习惯，等于把自己"牌势"的"绝密情报"都告诉对手了。

麻将桌上经常出现这种现象，自己在做清一色，却不注意隐蔽——别人打出一张似乎是自己需要的牌，连忙说："等一等，看我和了没有？"于是把手中的牌抽出来又插进去，拿过来又拈过去，东组合一下，西组合一下……这样一来，正如麻将谚语所说的"手牌扯不清，一定在做清"，等于把自己要和清一色的情报暴露无遗了。

打麻将的人都知道，在终盘"临危舍生，必有大牌"的道理。而有的人在做大牌而舍去"关键生张"的时候，不但不注意隐蔽，反而要显示自己。例如有位牌手正在做条子清一色，需要舍去两张五筒，而五筒是生张，其打第一张五筒的时候重重地一摔，摔出惊堂木一般的声音；打第二张五筒的时候，同样重重地一摔，并且故意把两张五筒并在一起！这种不适当的表现，等于告诉对方："你们注意没有，我连打了两张五筒，我已经下决心做大牌了，你们要提高警惕啊！"

为了隐蔽，我们要善于观察对手表现出来的细节，有句警语说得好："魔鬼隐藏在细节里。"

注意隐蔽，是打麻将的一个重要谋略。隐蔽起来的技巧很多，要做好是很不容易的。电视上经常出现一句广告词："不露也锋芒。"打麻将就是要善于把"锋芒"隐蔽起来。优秀的麻将高手，行牌犹如一条蛟龙潜入江底，江面上看似风平浪静，而时机一到，在霹雳瞬间便猝然跃起，掀起惊涛骇浪，直冲云霄……

49. 怎么认识"骗"与"诈"？

打牌要有"牌品"，不能有任何作弊行为，比如不能设置骗局，不能弄虚作假，不能联手欺诈，其常见的码牌作伪、偷窥墙牌、顺手牵羊、夹带多张、"相公"诈和等等，都是不允许的，都是违反游戏规则的。

以上所说的"骗"与"诈"，都是从道德范畴、人的品行角度来讲的。打麻将的人，在任何情况下都不能越过这条红线，禁绝赌场"老千"玩弄的一切骗术。

然而，从打麻将的战略、战术、技能、技巧角度来说，其"骗"与"诈"，却又是合情合理的，是一种机敏，是一种智慧，是有谋有略的生动体现。俗话说，牌局如战场，取舍如用兵。《孙子兵法》云："兵者，诡道也。""诡道"就是欺骗、奸猾、狡诈的意思。带兵打仗的人常说："兵以诈立。"试想，兵书中所说的三十六计，像瞒天过海、借刀杀人、声东击西、暗度陈仓、笑里藏刀、欲擒故纵、金蝉脱壳、偷梁换柱……哪一条里没有"骗"与"诈"？这些计谋在打麻将中都是经常运用的。只是有人意识到了，有人没有意识到而已。

就目前成都麻将规则来说，没有竞技麻将那么严谨，随意性很大，语言没有规范，想说什么就说什么，因此其"骗"与"诈"表现得更加突出，在麻将桌上随时可见。比如，对方暗七对已经"下叫"，而他摸牌后偏偏叹息一声："唉！麻烦，下不了'叫'怎么办？"给人一种困难重重、一筹莫展的印象，这就是一种"骗"，是麻痹对方，让对方失去警惕。或者相反，某一方手中的牌相很臭，残缺难看，又不上张，后又摸到一张无用的牌，这时其反而故作惊喜："哈哈，这种金张都摸得到，简直妙不可言！"这也是一种"骗"，是为了迷惑对手而制造的假象，目的是防止对方做大牌。

在麻将众多的技巧中，有一条叫"看牌看人，看人看牌"，指的就是上述情况，教你看牌时同时看人，善于观察，不要被假象所蒙蔽、干扰自己的正确判断。

在打麻将的过程中，要善于区别真假。"草萤有耀终非火，荷露虽团岂是珠"，不要把萤火虫当成火花，不要把荷叶上的露水当成珍珠，否则就要上当受骗了；用现代语言说，就是要善于去伪存真，捕捉到正确的信息，获取对方真正的"军事情报"。

这是一方面。另一方面，又要善于运用谋略去迷惑对方、干扰对方。运用诸如似无即有、似有即无、抛砖引玉、追熟落马、拆搭设陷、借尸还魂等办法，给对方造成虚虚实实、真真假假的印象，使对方惶惑、犹豫、朦胧、不知所措。这些都是智慧和韬略的运用，都是制胜的法宝。

所以，麻将高手常说："牌不离骗。"这个"骗"，不是指道德范畴里的故意作弊，而是指熟练地运用谋略和战术，这两者要区别开来："骗"非骗，"诈"非诈。

50. "十八学士"是绝命牌吗？

什么是麻将中的"十八学士"？这是和牌中最高的一个番种；全国各地的麻将都有这个番种，只是名称不同，多数叫"四杠"。一般来说，就是在一盘牌中开四个杠，最后一个是杠上花。共十八张牌，故称为"十八学士"，也有人称"十八罗汉"。

为什么这样称呼？没有考证。我想大概是唐太宗建造文学馆，选了杜如晦、房玄龄等十八位大家参与掌持，时人号称他们为"十八学士登瀛洲"。而"十八罗汉"是指供奉在佛殿两侧的罗汉像，他们都是佛教修行的最高果位。将麻将的番种称为"十八学士"和"十八罗汉"，都是形象的说法，想表达最极顶、最极致的意思吧。

所以，打麻将能赢一次"十八学士"，肯定会引起一个小小的轰动，成为一段时间被热议的话题。笔者看到过和了个"十八学士"的热闹情景——

一位朋友不经意间做成了个"十八学士"：他杠了一条、杠了四条、杠了八条，手里三张九条，单钓二条；随后摸到一张九条，开杠；杠上竟然摸到一张二条！这时他非常激动，把拿二条的手举得高高的，手在空中发抖，他在思想斗争：这个难得的"十八学士"，是要还是不要……

这时周围的人都聚过来观看，两种声音同时呼叫起来：

一种声音是："这是绝命牌！和不得！快打到堂子里去！""这是运气到尽头了。我有个朋友，头天和个'十八学士'，第二天就出车祸死了！""我赢过一次'十八罗汉'，结果霉了一年。"

另一种声音是："肯定要和，这是大吉大利！""不要迷信，不要听江湖邪说！""你把运气得罪了，今后运气就不来了。""我赢过两次这种牌，没事，成天照常活蹦乱跳……"

为赢不赢这一盘牌，两种意见如此对立，如此热闹，真是出乎意料。

过去有位朋友赢了回"十八学士"，第二天就心神不定，思虑重重，不敢出门，生怕碰上什么倒霉的事情。还听说某公司一女秘书赢了一回"十八学士"，第二天上班碰见总经理，总经理连忙说："你离我远点……"

可见，这件事真有必要说道说道咯：

其一，打麻将仅仅是一种休闲娱乐，赢一把"十八学士"也仅仅是娱乐中的一盘牌而已，能给大伙带来愉悦，哈哈一笑，也就算过去了，而完全没有必要人为地增加那么多沉重的负担——那就不是"娱乐"了，而是"愚乐"了。

其二，和一把"十八学士"应当是一件高兴的事，可以增进牌艺和提高信心。竞技活动的目的之一，就是追求高分值，追求极致，这是技艺精湛的表现，也包括手气好的因素。和一把"十八学士"所带来的愉悦，往往会成为幸福记忆的一部分，为什么要放弃呢？

其三，什么"绝命牌""要出车祸""倒霉一辈子"等等，都是不科学的，在通常情况下，一盘牌不可能改变、决定人生命运。说这些可怕后果的人主要是牌桌上的输家，他们或出于嫉妒，或避免输牌，才对和"十八学士"的"负面"加油添醋、夸大其词；有一些则是笃守迷信，采取以个别事例否定一般规律的方法，信口乱说；还有些人是把错觉联系起来加以发挥……

其四，打麻将是智力游戏，是智慧、聪明的游戏，而不是古代占卜算卦的游戏。赢把"十八学士"招来那么多的议论，说明我们许多朋友对麻将文化的理解是比较肤浅的。

总之，我们不能把"正事"变成"邪事"，不能把"喜事"变成"丧事"；娱乐，就轻轻松松地娱乐吧！

51. 为什么要强调"淡定"？

没有考证过"淡定"这个词儿是在哪个年代出现的，只是记得许地山在《空山灵雨·银翎底使命》中说到："惟有几朵山花在我们眼前淡定地看那在溪涧里逆行的鱼儿喋着它们底残瓣。"后来在电影《十全九美》中，看到那个大管家"乌卡卡"有一句口头禅："淡定，淡定！"近年不知道什么原因，"淡定"这个词儿在网络里、在生活中流传开了……

原来只知道，"淡"，是指淡泊、不追求名利；"定"，包括"定神"的意思，指心神安静平稳。眼下在"淡定"一词流传中，演绎出来的意思就很多了。

　　笔者在打麻将的时候经常咀嚼"淡定"这两个字，有趣的是，越想越重要，不仅自己非常需要，而且深感爱打麻将的朋友也应该需要。笔者敢斗胆说一句，如果都能以"淡定"的认识和态度对待麻将娱乐，这项游戏的品位将提高到一个新的层次。

　　首先，每一位参与麻将活动的朋友，都应当具备"淡定"的修养。麻将是"娱乐和交友"，就应当以"淡定"的态度来参加，要平和、愉悦、沉静；而如果以赌博的心态、拼输赢的心态、报复的心态、迷信的心态来参与，就违背了娱乐和交友的目的。所以，麻将前辈说：要"浑涵宽大，品格为贵。"这是很有道理的。麻将娱乐应当是健康、文明、儒雅的，而不能成为肮脏、污染、粗野的，惹是生非的。

　　其次，麻将是智力竞技活动，参与智力竞技活动的人都应有"淡定"的智慧。打麻将是个很动脑子的活儿，不是像有人说的"先打字，再打缺，接着做成清一色"那么简单，而是一人对三人的抗争，其"牌势"起伏之大、变数之多、转换之快是很难应对的；要适应规律，达到制胜的目的，必须心闲神定，有勇有谋，冷静分析，科学判断。打牌是智慧的拼搏，需要"禅心已作沾泥絮，不逐春风上下狂"的心境。

　　再次，上桌入局，自始至终都要面对和处置各种矛盾。"牌势"中的矛盾，竞技中的矛盾，规则中的矛盾，以及这些矛盾所引发出的心理的矛盾与人际关系的矛盾，都应当以"淡定"的心态去面对、去处理。比如在输赢问题上所引起的心理上的波动，是最常见的，特别需要"淡定"，切勿大喜大悲，情绪反常，神志不清，动作失态。还要强调的是，若缺乏"淡定"，在观察"牌势"上失去冷静，则技术容易变形，接着就会形成技艺、手气、心态的恶性循环，其结果必然连连受挫。

　　其实"淡定"也是一种思想境界。"淡"，是指一种外在的状态；"定"，是指一种平静的心境。心定，有定见，有主心骨，才有行的淡。"淡定"的境界和麻将的理念是相同的。麻将娱乐过程中要求戒"轻"戒"躁"。轻躁的性格和心绪，同麻将是格格不入的。麻将需要沉静守衷，从容宽厚。麻将的目的是娱乐和交友，追求一个"和"字，以和为贵，以善和人；而达到的途径，就是"淡定"两个字。有了淡定的心境，才能做兰秀深林，不以无人而不芳；君子立德，不为窘困而改节……

人生就是不断地追求。追求什么？东寻西觅，忙乎一辈子才豁然发现，人生最曼妙的风景，竟是内心的淡定和从容。"淡定"这两个字说起来是轻飘飘的，而做起来却是很难很难的、沉甸甸的。

52. 怎么理解"静能生慧"？

成都麻将娱乐场所有一个通病，就是不安静。对此，许多人心里很纠结，又很无奈。所有智力竞技体育项目和智力竞技游戏项目都有一个基本要求，就是要有一个安静的环境；没有安静的环境，智力竞技是很难进行下去的。麻将竞技也是如此。

在国家体育总局 1998 年所审定的《中国麻将竞赛规则》中，明确规定"应安静有序地入场"，比赛进行期间要"保持肃静"；甚至还规范语言，在行牌过程中只能使用"吃牌""碰牌""杠牌""和牌""补花"等语言。

这些规定是很正确的。这是智力竞技的合理要求，也是公共道德的起码要求，更是对个人形象和修养的起码要求。

比赛场合也好，娱乐场合也好，凡是智力竞技，都需要安静，而不能想说什么就说什么，更不允许大声喧哗。而有些人却把麻将娱乐场合当成肆无忌惮的"自由论坛"，一边打牌一边高谈阔论，从世界革命到同性恋的婚礼，从飞机失踪到豆腐乳的营养，从沙尘暴到婚外恋的道德观……"嗑话"纷飞，杂音刺耳，让人情绪不宁，心烦意乱。"自由论坛"既干扰别人，又干扰自己。大家心里对之已经积怨难忍，怒火上升，而那些"爱吹牛"的朋友却毫无察觉，自我感觉良好，继续得意地"表演"下去……

玩麻将最大的乐趣是什么？是在行牌过程中凸现智慧，运用智慧，增加智慧，享受智慧，从中领悟到许多人生哲理，而不仅仅是狭隘地去追求一个输赢。

为什么要求安静，因为"静能生慧"。

佛教教义中说"静能生慧"。佛教把智慧分为三种——"闻慧、思慧、修慧"，最关键的是修慧。"灵台清静，静能生慧，慧能生智"。

道家、儒家都有相同的格言。道家说"静能生定，定能生慧"。儒家亦认为"静能生慧"；"水静极则形象明，心静极则智慧生"。

儒家、佛家、道家都认为，"静能生慧"，"静能开悟"，"静能正道"。

这是我们老祖先留给我们的古训，是对我们每个人修身养性的一个要求。无论你喜欢不喜欢打麻将，都应当养成这个习惯。

心清静、意清静，智慧即会涌现。

53."定力"是指什么?

"定力"这个词原是佛教中的术语，后来在日常生活中被频频引用，现在在棋牌活动中，已经成为很普遍的用语了；而且在演变过程中，词意也在变化，赋予了许多新的内涵。

在佛教教义中，"定"字的地位是很高的。佛学之三藏十二部经典的核心或总纲，乃"戒、定、慧"三学。"戒"即指戒律，"定"即指禅定，"慧"即指智慧。而三学中，"定"又为佛法之中枢，有佛学家言："广义的'定'不单指禅定，定学的修持意在培养人之定力。有定力的人，正念坚固，如净水无波，不随物流、不为境转，光明磊落，坦荡无私；有定力的人，心地清净，如水不动，不被假象所迷惑，不为名利而动心，定学修持到一定程度自然开慧。"

"定力"演变为日常生活用语以后，摆脱了佛教语言的色彩。"定力"的意思，简单地说就是指要有自制力、忍耐力和抵抗诱惑的意志力。

在棋牌方面有个大家熟识的故事：围棋大师李昌镐之所以被称为"石

佛"，是因为他在与人对弈时，有着超常的定力。他下棋时无论处于优势还是劣势，均镇定如常，不露半点声色；行家说他的棋风不剽悍，不出奇，看上去似乎很"平常"，但这种"平常"的棋风，连和他同档次的九段棋手也难以理解，其一步棋走出后，别人往往在数步或数十步后才能看出其意图。

这说明"定力"在棋牌活动中是多么重要。

麻将竞技是智力的竞技，是智慧的较量，是动脑力的活儿，所以参与者必须要有"定力"，这是制胜的前提。这里需要努力做到的是：

一是头顶虚灵、心无旁骛。就是脑子要沉寂下来，心情要清净下来。打牌就一心一意打牌，不要三心二意；别人"一心"打牌，你是"半心"打牌，牌桌上三心二意必然输牌。有一位大姐边打麻将，边打手机教老伴怎样做杂酱面，两巡以后发现自己是个"小相公"。有些边打牌心里边在盘算昨天的物业费怎么多交了20块钱。脑子不安，心里不静，是最突出的表现。

二是任凭风浪起，稳坐钓鱼台。麻将竞技局势变化快，忽而祥云满天，忽而狂风暴雨；忽而遍地春光，忽而寒气肃杀。这时特别需要有定力，要很平静，很大度。在麻将竞技中，情绪失控比技术水平低可怕得多。

三是要有自制力，排斥外界干扰。打麻将环境一定要安静。非常遗憾的是，在许多麻将娱乐场所，却呈现为一个又喧闹、又抽烟的文明程度较差的角落。产生这个落差的原因很多，而又不能短期改变，所以我们只有培养自己的"定力"，在喧闹、繁杂的环境中保持安静，努力做到心静如水，不受影响和干扰。

过去有副打麻将的对联："到此者应带几分仙气；坐定后宜生一点禅心。""仙气"，是比喻要有神仙那种超然物外的心境；"禅心"，是比喻要有排除一切杂念的静谧。

这说明"定力"是参与麻将竞技的人必须具备的一种很重要的素养。

54. 为什么强调要耐心些?

打麻将输牌的原因很多, 其中可能有个原因是不够耐心。

有没有耐心是很重要的。李嘉诚教育儿子有一段话, 其中有四个字"耐心为本"。

耐心, 就是心里不急躁, 不厌烦, 有耐性。做生意如此, 麻将竞技也应如此。

耐心, 是麻将游戏的基本特征所要求的: 一是麻将游戏与众不同, 不是一对一的对抗, 而是一对三的博弈。二是"牌势"变幻不定, 忽而艳阳满天, 忽而暴雨倾盆; 时而宽阔坦途, 时而悬崖绝壁。三是偶然因素太多, 侥幸性太多。这些都是动脑子的细活儿, 是智力的比拼, 是智慧的较量。这就要求牌手要有耐心, 要沉静下来, 急躁不得。俗话说得好, "心急吃不了热豆腐"。

在麻将桌上没耐心的表现主要有:

一是在"牌势"不顺的时候, 唉声叹气, 搔首弄姿, 怨天尤人, 心烦意乱。"不顺"往往是"很顺"的前奏, "顺"与"不顺"总是交替出现的; 输与赢是可以互相转换的, 没有输哪有赢, 没有赢哪有输。输赢本是一种常态, 这就需要耐心。

二是违规发生争执的时候, 各执一端, 强词夺理, 大声喧哗, 恶语伤人。规则是约定俗成的, 既有约定, 就要遵守; 有不同的理解或不同的改进意见, 也应当平心静气地商量。这就需要耐心, 没有耐心, 只会添乱。

没有耐心, 对麻将竞技来说是个极大的伤害。心一烦, 意必乱; 意一乱, 志必昏, 结果必然是失去清晰的分析和判断, 败绩的苦果就会接踵而来。

李嘉诚老先生说"耐心为本", 为什么是"本"呢? 记得柏拉图有句名言: "耐心是一切聪明才智的基础。"这话是很有道理的, 在人的素养中，耐心和持久往往胜过激烈和狂热，我们每个人都会有这方面的体会。

其实，耐心是衡量一个人心理健康、心理素质的标准之一。在心理学上，耐心属于意志品质的一个方面，即耐力。有了耐力，可以增强人的自制力、心理承受力等。

所以，培养自己的耐心是很重要的。耐心仿佛是一株很苦的植物，但果实却是十分甜美的。记得有位诗人曾经这样说：

耐心是藤蔓的触角，

每时每刻都向前伸展，

终于跨越看似不可能的间隔，

将支柱紧紧抓在手心……

55. 为什么要关注过程？

许多朋友打麻将十分重视结果。

一般来说，结果就是输赢，都想赢，不想输。笔者有位朋友打麻将时有个习惯动作，两只手一有空，就在桌子下面不停地数扑克牌（筹码），默默地计算赢了多少，输了多少……

打麻将不要太在意结果，而要注重过程。

过程是竞技实力的较量，应当集中精力，认真仔细；而老是数扑克牌，心猿意马，会自己干扰自己的情绪，技术变形，判断失误，结果肯定是惨不忍睹的。

怎样注重过程呢？

要把每一盘牌自始至终处理得很合理；要多点辩证思维，少点刻板固执！多点理性认识，少点情绪波动；多点周密细致，少点简单粗率。

注重过程，概括起来说，须牢记：

一是自始至终要有信心，相信自己的制胜能力。有句格言说"信心是胜利的一半"。有信心的人心态和平，顺不喜，逆不忧，对"牌势"发展有比较清醒的认识。自信不是高调，不是逞强，不是好胜，也不是自以为是，而是自觉顺应规律的意识和能力。

二是自始至终把自己的战术、技术充分发挥出来。一定要顺势而变，顺势而为。抓好舍牌这个中心环节。一盘牌，每取一张，是客观的，偶然性很大；而每舍一张，却是主观的，是体现技术水平、控制力的。在通常情况下，每人每盘舍牌 14～20 次。要努力做到舍牌不出错，或者出点小错而不出大错。

三是自始至终要有很强的应变能力。"牌势"发展错综复杂，发现异动，要立刻顺势调整。打麻将切忌"一根筋"——只知道昂首挺胸阔步向前进，不知道拐弯，不知道侧身，不知道扑俯而行。要善于通权达变，有局做大，无局快跑；能攻能守，能伸能屈。应变能力的高低往往是决定胜负的关键。

关注过程其实也是在享受过程，享受智力竞技所带来的愉悦。当你用自己的智能破解一个又一个迷局，可以欣赏到竞技博弈所带来的智慧的美感；如果是朋友在娱乐，还可以享受到温暖的情意，以及由信息交流中之眼界豁然一亮带来的激动。

做到这三点是不是肯定能赢呢？

不一定。由于"牌势"发展中不确定因素太多，由于同桌对手发挥水平的差异，有时也许会输。然而肯定地说，就是输，也会输得少一些；而从长远来看，必然是赢家！

打麻将就像一个果农要经历科学地松土、施肥、锄草、除害、防风、防雹等过程，最后获得丰收才是自然的、不言而喻的。

56. 为什么行牌有"粗细之别"？

笔者有一位牌友赵君，人品、牌品、牌风甚佳，心态平和，情绪稳定，技术上基本上没有大错，但却存在一个大家都不太注意的问题：不大注意"细针密缕"。

什么是"细针密缕"？就是指过去妇女的针线活儿做得针线细密。换句话说，打牌也要像妇女做针线活儿，要精细，不要粗糙。

麻将竞技有一个突出的特点，就是"牌势"变幻不定。这就要求我们须随"势"随时作出自己的判断，要机灵、敏捷，又要细致而不要粗糙。

这是很困难的事情，然而这是智力竞技的基本要求。

所以几个对手之间的胜负，往往就是粗、细的较量或者是比较细、比较粗的较量——看谁"细针密缕"，看谁"粗针疏缕"：细者，打得思路清晰，有章有法，滴水不漏；粗者，打得自以为是，毛手毛脚，心存侥幸，轻率舍牌。

打得细致，只有愿望是不行的。细致，是建立在唯物论基础上的一种技艺。要正确判断"牌势"，要清醒分析异动，要估算各方图谋，要采取最佳方法，等等。

要真正做到"细针密缕"，还要注意以下几个环节：

一是序盘审牌。序盘的取舍，决定一盘牌的走势和大局。要在这个前提下拟出一个构想，要完善、实现这个构想。这时粗心大意，可能毁掉所拟出的构想。

二是选"叫"时刻。有些"叫"没有选择的余地；而有些"叫"选择的空间很大，这就需要仔细斟酌了。选"叫"的原则是：求大、求宽、求快。

三是出现做大牌的机遇。打一场麻将，做大牌的机遇很少。若遇突然出现"一条希望的彩虹"，能否变成现实，要靠主观努力，其中就包括细腻。若粗心草率，就常常会使希望变成绝望。

四是陷入困境的时刻。这是经常遇到的境况，这时不要烦躁，更不要"破罐子破摔"，而要冷静，更要打得细腻，力争逃出重围或减少损失，以保存实力。

五是终盘最后五六巡。这是各家虎视眈眈、短兵相接的关键时刻，尤其需要谨小慎微、精细缜密；否则稍有疏忽出现漏洞，就会腹背受敌，束手就擒。

打麻将要像年轻媳妇做手工活儿那样细针密缕。只有如此，才能体会到麻将竞技细微之处所显露出来的美感。

57. 怎样认识侥幸心理？

什么叫"侥幸心理"？按照通常的、简单的说法，就是指想通过偶然的原因去取得成功或避免灾害的内心愿望。

如果按照教科书上的说法，无视事物本身的性质，违背事物发展的本质规律，违反那些为了维护事物发展之自身规律而制定的规则，想根据自己的需要或者好恶来行事而使事物按着自己的愿望发展、直至取得自己所希望的结果，这就是侥幸心理。

麻将竞技中的侥幸心理几乎是人人都有的，这方面的表现也是非常普遍的。其原因，笔者认为有两个：

一是侥幸心理是人的一种本能意识。心理学研究表明，这种心理存在于人们的各种思维活动中：通常情况下，侥幸心理只是一种潜意识，不足以支配人的行为活动；在当环境发生变化、一个人自控能力又不强而致这种潜意识得到孕育膨胀以后，就会引发冲动而表现出来。

再是麻将活动中偶然性因素比重较大，输输赢赢出现的频率比较多，迷信的氛围比较浓，在这种特定的"土壤""气候"环境下，侥幸心理的出现也就是很自然的事情了。

侥幸心理在麻将竞技中的表现主要有：

或者是侥幸与迷信互生、互融，两者可以说常是孪生的、结伴而行的难兄难弟。迷信心理浓厚的麻友在行牌过程中，常常采用侥幸的打法。这类带有盲目性的、轻率的打法，在通常情况下，效果肯定是不好的。

或者是往往轻视麻将理论和制胜的规律，轻视战略、战术的研究。特别是行牌过程中在对待现实性与可能性关系时，缺乏两点论，夸大主观的能量，不顾客观条件，一味贪大做大。这类孤注一掷的、碰运气的打法，经常是碰得"头破血流"的。

或者是由于失败较多，所经受的挫折感也较多，心理上受到的伤害也较多，结果丧失信心，脾气怪异，造成其在麻将制胜三要素——心态、技艺、手气——上皆呈的恶性循环。这是麻将竞技最糟糕的状况。

或者是……

打麻将要制胜，最科学的方法是"顺势""应时"。要依靠辩证法、唯物论的思想方法，要依靠概率的精确计算，要依靠机动灵活的战略、战术，而不能依靠侥幸和运气。

侥幸心理，是一种信念的迷失，做事浮躁，缺少坚持；而在思想方法上，则是缺乏辩证唯物主义的活力，逐步降低了对事件的把握控制力，而且每况愈下，逐步养成了很难克服的习惯。

打麻将如此，在社会生活中也是如此。

哲学家狄德罗曾说过："人生最大的错误，往往就是由侥幸引诱我们犯下的。当我们犯下不可饶恕、无从宽释的错误之后，侥幸隐匿得无影无踪；而当我们下一个拿不定主意的时候，它又光临了。"非常精僻！从某种意义上讲，侥幸心理是酿成错误的条件、诱因和根源，一定要引起注意！

58. 怎样增强自我调节能力？

凡是竞技体育项目，都有心理训练、调节能力的问题。因为竞技体育同心理活动是始终融合在一起的、密不可分的。

麻将活动也是如此。一盘也好，一轮也好，一局也好，自始至终都是意志力的较量、技术水平的较量，同时也是心理状态和调节能力的较量；而且，往往是心理状态决定着胜负的命运。

打麻将的过程中，心理情绪的波动一直是起伏不定的，好像心电图上的波形。这是必然的，甚至是同"牌势"浑然一体的。

心理调节的基本点是调节和控制情绪。

我们打麻将的时候，要善于掌握自我，善于控制和调节情绪。情绪活动可以说是心理刺激中对"牌势"影响最大、作用最强的成分。打麻将的整个过程，始终伴有情绪的色彩，莫不以情绪为背景。因此我们要注意情绪表现的适当性及情绪紧张的适度。

说两句离题的话。"情绪适度紧张"不仅使人们生活富有节奏和情趣，而且能高效地发挥人们的潜能，从而获得心身和谐与心理健康。

打麻将也需要适度紧张。情绪的表现适度是顺其自然，想笑就笑一下，想发泄就发泄一下。适度，在于不要无限地压抑自己的情绪，同时也不要放纵自己；不要违背集体利益，不要违背社会规范。要以乐观的态度，保持自我感觉良好，及时缓解心理紧张，尽力消除那些不愉快的心理刺激，理智接受非个人能力能改变的现实，从而去良好地适应，并使情绪积极而稳定。

我们在麻将场所，经常看到缺乏自我调节能力的现象，主要表现有：手气好就喜笑颜开；而手气背就烦躁不安，摔牌骂牌，动作失态，完全不顾自己在公共场合的形象；输了就怨天尤人，牢骚满腹，恶语伤人，自己败坏自己的声誉；或者因为芝麻小事而起纠纷，讽刺挖苦，语言粗俗，脸红筋涨，缺乏谦和忍让，缺乏与人为善，自己把自己孤立起来……

这些都是缺乏自我调节能力的表现。一个人没有自我约束力，是不能玩麻将的。玩麻将需要"一局心静人自闲"的境界，心静，才能走进竞技状态，才有运筹帷幄、游刃有余的神思妙想！

加强自我调节能力的方法很多。心理学中所说的"暗示调节""放松调节""呼吸调节""想象调节"都是行之有效的，都可以试一试。

我们打麻将，"牌势"像是一辆向前奔跑的电动火车；而自我调节能力，就像是司机面前的电压控制台，只有不断地调节电压，才能保证列车正常、快速、准确、安全地运行……

59. 为什么说"冲动是魔鬼"？

这句话在社会上很流行。笔者没有考查过是谁说的，只是在电视上看郭冬临和牛莉的小品《男子汉大丈夫》里，牛莉扮演的妻子和邻居吵架之后，便想搬扮演丈夫的郭冬临去帮忙，于是一场由外患引发的"内战"在他们两人之间展开了——"冲动是魔鬼"就是郭冬临用以劝说牛莉的台词。创作者在用夫妻两人共同回忆恋情化解外患和"内战"的同时，多次点明"冲动是魔鬼"这个主题词，给观众留下了深刻的印象。

不管怎么说，笔者认为这句富有哲理的话，是待人处事的座右铭，而且也是麻将娱乐场合所应当谨记的。

在麻将娱乐场合，"冲动"的现象很多。因为麻将竞技有时是很激烈的，而且又同输赢联系在一起，有时候，不知道什么事情瞬间就变成导火线而引发一场莫名其妙的"冲动"。

比如，实行"血战到底"规则，有些人和牌以后，又去指导别人怎么打，既是运动员，又当裁判员，就会常常引发"冲动"，其不仅使大家的情绪由晴转阴，而且在朋友之间造成不少隔膜。

在麻将桌上，谁"冲动"谁吃亏。

什么叫"冲动"？就是指不能理智地控制自己、会引起某种行为的神经兴奋和特别强烈的情感。

我们的古训中就有"怒废亲，怒废礼"的教导，意思是说，怨恨忿怒之时，往往失去捡点，连亲属也不顾、礼仪也不遵了。事实上也确实如此，有些爱"冲动"之人常常做出一些令自己事后悔恨不已的事情。

"冲动"是一种最具破坏性的情绪，它给人带来的负面影响可能远远大于我们的想象。在生活中，将人们击垮的，往往并不是那些大的灾难，而是我们缺乏自控能力，掉进了情绪的陷阱。喜爱麻将文化的人，要注意加强这方面的修养。

记得还有一句古训："天若亡之，先令其狂。"因为一个无论多么优秀的人，在冲动的时候，都难以作出正确的抉择。冲动是人类情绪中的顽疾，历史中的很多悲剧里都可以找到它的影子。

记住"冲动是魔鬼"这句简单的话！记住了，魔鬼就不敢靠近你。

60. 为什么不要轻易放弃？

打麻将常常看到一种现象：轻易放弃。比如一看到"牌势"逆行，或阻力较多，或陷入困境，就灰心丧气，认为自己手气太臭，这盘牌完蛋了，于是思想懈怠，懒心无肠，将就应付，草草结束。这是很不正常的一种状态！

凡是竞技体育和游戏项目，都要讲究竞技状态。竞技状态包括身体素质、心理素质及技术和战术。心理素质就要求有锲而不舍、金石可镂的精神，就是永不放弃的体育精神。

麻将竞技有时确会陷入绝境，看似没有挽回的余地。这时，心态要好，要冷静、清醒，力求减少损失，防止精神"塌方"；要有信心，不要轻言放弃，俗话说"天下没有翻不过去的坎"。

经常遇到的问题是，并没有陷入绝境，还有选择的路径，还有选择的方法，还有取胜或逃生的机会，而有的朋友却轻易放弃了——这是不对的，是缺乏意志力的表现。

在笔者的记忆中，有段精彩的"令人窒息的七个赛点"。那是在2001年第46届世乒赛男团半决赛中，中国队第一主力孔令辉意外失掉两分，令全队陷入了困境；在大家都以为中国队没有希望的情况下，刘国正却力挽狂澜，连续救回赛点，战胜金泽洙，把中国队送入决赛。

当时比赛的气氛几乎让人窒息：刘国正几乎是在不可能的情况下，把站在悬崖边上的中国队硬拉了回来！当时，刘国正只得到一个赛点，但他就凭着这仅有的领先机会，创造了反败为胜的经典。记得当时的总教练蔡振华双手紧紧按住自己的胸口，喘不过气来……

打麻将当然没有那么激烈。但毕竟也是竞技，再困难也不要放弃，正如俗话说的"有山必有路，有水必有渡"。

笔者上周在人民公园看四位老人打成都麻将"血战到底"。有两家赢小和走了，剩两家接续拼搏：甲方清一色筒子，两碰落地；大家都认为乙方"死定了"，未料乙方立即改变打法，摸到筒子即留下，拆弃两副条子，最后还自摸二筒和了。他对大家笑笑说："垂死挣扎了一下，没想到又活过来了。"

笔者很欣赏这种"垂死挣扎"的永不放弃的精神。

61. 为什么要注意节奏?

"节奏"是音乐、诗歌创作或是演奏中的一个术语，是指音乐、诗歌中交替出现的有规律的强弱、长短的现象；"节奏"这个词，在现代生活中的使用已经很普遍了，是指任何事物的运动进程都必须是均匀的、有规律的。

可以这样说，世界上任何事物的运动和发展都有其自己的节奏，像一日三餐、昼夜交替、季节转换等等都是。在观看体育比赛的时候，常会听篮球教练对运动员说："注意节奏! 注意节奏!"乒乓球教练会对运动员说："改变节奏! 不要跟着对方的节奏走! 太被动了。"足球教练会在场边对运动员吼叫："加快! 加快节奏!"

打麻将注意节奏，主要表现在快、慢的速度上。快的突出表现就是"抢先取牌"。一盘牌开始，每人要依次取四张牌，而有人偏偏不依次序，自己抢先取走，把别人的牌留在桌上。这种做法一是违规；二是没有礼貌，不尊重对手；三是扰乱了行牌节奏，往往造成秩序上的混乱。慢的表现就太多了，常见的是该他舍牌的时候，思之再三，虑之再三，斟之再三，酌之再三，那一刹间像空气凝固、时钟停摆、河水冻结、动物休克，弄得牌局死气沉沉，等得大家毛焦火辣，娱乐的愉悦荡然无存。

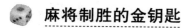

这就需要制定规则来保证"顺畅通行"。其实就把竞技麻将中国家体育总局所制定的有关比赛规则搬过来就行了。对待抢先取牌，要明确这是违规，要给处罚。《中国麻将竞赛规则》规定，开牌后"由庄家开始抓下两墩牌，再按顺时针方向顺序抓牌……"；"违例者被判罚的分数应在每盘的积分中扣除，根据情节轻重，分别扣除 5 分、10 分、20 分、30 分、40 分、50 分、60 分、70 分八种罚分"。

对行牌很慢的，要明确也是违规的。《中国麻将竞赛规则》规定，"每次从上家打出牌后，到自己出牌的限为 15 秒"；如果超过 15 秒，同样要视情节轻重而罚分。

把《中国麻将竞赛规则》中的这两条搬过来或者参考这两条制定出新的处罚办法，看来是势在必行。

这里仅仅是举快、慢为例来说明节奏。其实节奏是从头到尾、贯穿全过程的。节奏是一条通则，可以把内在的积极因素调动起来，和谐地、默契地、协调地形成一种力量，是可以决定胜负的重要因素，是提高麻将技艺的重要一环！

62. 为什么要抵制违规信息？

四川麻将娱乐中的违规信息很多，已经成为一种司空见惯的现象，如果任其蔓延，对麻将娱乐是一种伤害。

什么是违规信息？就是在行牌过程中，以说明、提示、表情、举止等方式向其他人进行暗示诱惑或传递信息。这方面应当用国家体育总局所制定的《中国麻将竞赛规则》来予以规范。在该规则中，明确规定了在"行牌过程中只能使用'吃牌''碰牌''杠牌''和牌'等规范语言"。

而四川麻将就显得很不规范；即是放宽幅度，至少也不应当有违规信息。比如，不应当显示自己的牌相，说"我这把牌真好，有两个原始股"（即有两个暗杠）；上家自摸七筒和牌了，对家则说："我这里有三张七筒，你还能自摸到，金手！"类似这样暴露自己的牌相的都是散布违规信息。

再如，提示对家应当怎么打、不应当怎么打："哎呀！你还敢打条子……""注意了，下家有阶级斗争新动向！""不敢再喂了，喂肥了要咬人。"又如，对有人打出来的牌不满意，就叹息，就咳嗽，就拍一下桌子……如此等等，都属于违规信息。

违规信息最大的危害是扰乱了行牌秩序，各家可能利用这些信息而改变、调整自己的牌势，这就必然会破坏竞技的公平；还损害规则的严肃性——没有规则，就没有规范，就没有健康的发展；遵守规则，就是尊重别人，尊重自己，尊重公平，应当养成遵守规则的习惯。

有些朋友对这个问题不以为然，说："打麻将就是玩。不让说话，还有什么意思？""还有什么味道？"

玩要玩得高雅，不尊重规则的玩是低俗的。打麻将的"味道"，是由竞技智慧带来的乐趣，而不是违规说话。其实这是常识，就竞技运动而言，下围棋，打桥牌，能说任何违规语言吗？

什么时候成都麻将桌上没有了违规信息，那就说明我们又向前跨了一大步！

63. 男女打牌有什么差异？

有位麻友说：四个男人打牌，多似一场恶战，胜负大起大落；四个女人打牌，多似一潭春水，胜负微波细浪；两男两女打牌，多似一串梦幻，胜负变数难断……

笔者麻龄较长，从来没有这种感觉，脑子里也没有形成这种概念，所以不敢苟同。

男女打牌的差异，在一般情况下是存在的。从牌风来说，男性粗犷豪放，能冲能拼，敢于冒险；女性则安静温顺，思考周密，善于防范。这种风格上的差异，渗透到竞技中就演变成了不同的思路、不同的战略战术、不同的处理矛盾的方式方法。这些差异，孰对、孰错，孰优、孰劣，不是以性别来判断的，而要以是否符合客观规律来判断，要以实践的结果来判断。

我们在实战中却又常常发现，有些男性麻友是女性化的风格，甚至有比女性化还多的女性色彩；相反，也有些女性麻友是男性化的风格，甚至有比男性化还多的男性性格。我们身边都存在这种相悖的现象，这也是正常的现象。所以男女打牌的差异是存在的；而由这种差异而引伸出来的结局是千差万别的，不一定是"一场恶战""一潭春水""一串梦幻"。

麻将的内涵是多样性的，"牌势"的变化是多样性的，牌手的性格和风格是多样性的，所施展的战略、战术是多样性的，因而每盘牌的结局也必然是多样性的。

64. "阴阳平衡"与麻将竞技是什么关系？

笔者没有研究过阴阳学说，只能闲聊一些有关阴阳方面的常识与麻将竞技的关系。

阴阳学说源于《易经》，认为宇宙间任何事物都具有既对立又统一的阴、阳两个方面，其经常不断地运动和相互作用着；这种运动和相互作用，是一切事物运动变化的根源，"阴阳者天地之道也"。

阴阳学说应用于医学和养生，提倡阴阳平衡。"阴阳平衡"是指人体生命方面的脏腑平衡、寒热平衡及气血平衡，实质是阳气与阴精（精、血、津、液）的平衡，也就是人体各种功能与物质的协调。

阴阳平衡就是阴阳双方的消长呈现着一种协调的状态，其特点是：气血充足，精力充沛，五脏安康，容颜发光。阴阳平衡了，能吃能睡，气色好，心情愉快，精神饱满；应急能力强，对不良情况的适应能力好；耐受疲劳强，抵抗一般疾病的能力好。

所以，一个麻将爱好者阴阳平衡，肯定竞技状态就积极、气盛、机智、敏捷；如果阴阳不平衡，竞技状态则困倦、疲惫、迟钝、木纳。这是指个人而言的，两性都是如此。

说到男女阴阳平衡，阳主阴随，男主阳，女主阴。阳之为阳，躁动，阳刚；阴之为阴，平静，阴柔。阴阳以平衡为最佳；否则，就会是阳盛阴衰，或阴盛阳衰。表现在家庭中，倘若男女彼此错位，即男人女人化，女人男人化，这个家庭就可能会天翻地覆，劫难不断，就像有些文章所形容的：因为男人像女人，就好似山变成水了，结果只能是变成了泥石流；女人像男人，就好似万变的水变成不变的山了，自然成为冰山了。

男女阴阳平衡，有时借用来说明大范围的人口性别比例关系，而不是指麻将桌上的性别比例。当然，有些男性喜欢同美女搭档，"男女搭配，干活不累"。在麻将桌上"男女配对，心领神会"，至少可以愉悦心情，这也是很自然的；而是否影响输赢，就很难说了，可能产生正能量，也可能产生负能量。

有的麻友持"'孤男''孤女'多输"的看法，其没有提供准确的、科学的统计数据，可能只是一种感觉。如果哪里的麻将搭档比较固定，而且"孤男""孤女"的牌技比较差，其常输是可能的。而笔者的麻友搭档中，多是女教授，我经常被"三娘教子"，而我这个"孤儿"却经常是赢家。

麻将桌上的阴盛阳衰或阳盛阴衰，在短短的几个小时的活动中，对输赢不会产生什么影响。因此，分析输赢的原因应当多从主观上去寻找：是顺应了规律还是违背了规律，是顺"势"还是逆"势"，是放眼全局还是拘泥手牌……这些才能是制胜的金钥匙。

65. 提高麻将竞技水平的途径是什么？

学会麻将并不难，而要学好麻将则是比较困难的，因为其涉及到数学、运筹学、逻辑学、心理学、博弈学以及唯物辩证法，甚至与信息论、控制论、系统论的关系也十分密切，其中十分深奥。

怎么才能提高竞技水平呢？笔者归纳了几个关键词：

一是"实践"。读牌谱、拜老师都是可以的，但是百看不如一练，百听不如实践。实践是一所伟大的学校，实践出真知，实践出本领。不下水是学不会游泳的，只有实践才能逐步接近、认识麻将竞技的规律，比如下什么"叫"容易和牌、下什么"叫"不容易和牌等等。

二是"思考"。要边实践边思考。思考是进行比较深刻、周密的思维活动；只有思考才能激活从实践中得到的零碎的感性知识，使这些知识联系起来，形成比较完整的认识，比如"对处叫"比较难和，而"卡张叫"则容易和牌。

三是"积累"。积累就是把思考的知识、思考的见解逐渐聚集起来。心记可以，笔记更好：得的是什么，失的是什么；成的是什么，败的是什么；为什么得，为什么失；为什么成，为什么败……积累多了，知识就变成了自己的经验。

四是"经验"。经验是经过实践、思考、积累而得到的知识和技能，也就是可以掌握和运用专门技术的能力。从认识论来说，经验是一个比较高的层次。平时我们所说的经验，就是本领；从麻将竞技来说，就是有了初步把握"牌势"变化的功夫。

五是"应变"。知识和技能停留在经验上是不够的，因为行牌过程是千变万化的，这些经验应当随机应变，可以自如地应对各种突然的变化，这才是最重要的；否则那些经验还停留在狭隘、感性的阶段，甚至还可能成为主观主义的东西。

六是"智慧"。有了丰富的经验，又有了很强的应变能力，智力会迅速提高，包括记忆、观察、想象、思考、判断等等。这时你就有了能辨析判断、发明创造的能力，是一个有智慧的人了。

这个过程就是唯物主义认识论的过程，也是从感性到理性的过程。我们要提高麻将竞技，没有其他捷径，大体是按这条途径过来的，只不过有人意识到了，有人没有意识到而已；意识到了就提高快一点，没有意识到就会慢一些。一般来说，心躁的人、懒于思考的人会慢一些，心静的人、勤于思考的人会快一些。古人说："心宁则智生，智生则事成。"

66. 为何有时"想得到做得到"，有时"想得到做不到"？

在麻将竞技中，"想得到与做得到"和"想得到与做不到"，是经常议论的话题，而且许多争论都是从这个话题生发出来的。

我们平时说一个人麻将打得好，会说"他真行，想得到，就能做得到"；说一个人麻将打得不好，会说"他不行，想得到，就是做不到"。

看来这一个"想"字一个"做"字，是很重要的，这两个字的关联是值得去思索的。其实，在麻将竞技过程中，我们所忙乎的就是这两个字。每一盘牌开始，就需要不停地"想"、不停地"做"，想得怎么样、做得怎么样，决定着每一盘牌的胜负。

从麻将竞技来说，想什么？怎么想呢？举个例子，在初盘阶段，大体上需要想三个问题：

一是从 13 张手牌的实际情况出发，构想可能实现的几种情况；有了设想，才有这盘牌力争实现的目标。

二是从三家对手最初出牌的情况判断他们的走向，这是看大局的起点；尤其打成都麻将，看几家对手缺什么、需要什么，这就是大"势"。

三是把对手的"需"和"缺"与自己的"需"和"缺"结合起来估量一下，这盘牌最好的情况是什么、最坏的情况是什么；既要看上限，也要看下限，有备无患，避免被动。

在初盘阶段的想法，都是相对的；进入中盘和终盘，想法也必然是随着"牌势"的进展而进展，随着时机的变化而变化，简单地说，就是趋"势"而行，应时而变，一直到这盘牌的结束。

"想得到"是很不容易的事情。这里不是说你愿意不愿意去想，而是指你的认识水平够不够，换句话说，是指你麻将竞技的经验够不够；认识够了，就会想得周到一些，上、下，左、右，前、后，好、坏都能想到，这是头脑清醒的表现。否则，想得不周全，顾此失彼，抱残守缺，丢三落四，就是打昏麻将了；而打昏麻将在麻将竞技中就必然处于下风，像一只倒霉的兔子，只有"挨剐"的命运。

下面我们探讨"做得到""做不到"。

平时我们打麻将的时候常说"思路决定出路"，"思想是行动的先导"。哲学家也告诉我们，"知是行的主意，行是知的功夫"。然而，要从"思路"到"出路"，从"知"到"行"，并不是一件容易的事，有些人"做得到"，有些人就是"做不到"。

好多事情似乎道理都懂，但是行动起来难。这就是所谓的"知易行难"的道理。在麻将竞技中也是如此，似乎道理都"明白"，但在去实现的路上心态和技艺往往就变形了，本来应当"做得到"的变成"做不到"了。

怎么做才是合理的呢？对于麻将竞技来说，无论牌相是好是坏，都要坚持"八个字"：

一是"务实"。一切从实际出发，不求虚妄，不求浮华。

二是"顺势"。顺着牌相的情势而行，"舟循川则游速，人顺路则不迷"。

三是"应时"。敏锐地发现、抓住行牌中出现的时机，时来即动，时去即止。

四是"权变"。麻将变化极快，可谓"机遇稍纵即逝，挑战不请自来"，要有随机应变的敏捷和能力。

一般来说，"务实""顺势""应时""权变"这八个字就是"做得到"的合理的做法，也是合乎客观规律的做法。顺着这条路子走，在多数情况下，是可以实现"想得到，做得到"的。

在麻将竞技中，为什么又大量存在"做不到"呢？一般来说，有以下几个主要原因：

一则原来的设想不合理，不切实际；或者原来的设想是合理的，但

"牌势"变化以后，没有及时调整，从而导致"做不到"。

二则原来的设想是合理的，各种技术处理也是合理的，但由于偶然因素干扰过多，也就是平时说的"手气太臭"，从而导致"做不到"。

三则原来的设想是合理的，但有些麻友太贪心、太主观、太任性，在行牌时忘掉了顺"势"而变、应时而行的基本法则，从而导致"做不到"。

四则原来的设想是合理的，但有些麻友在行牌时讲究迷信，相信"命运之神"会带来奇迹，忽略行牌必须遵守的唯物论的方法，从而导致"做不到"。

从成都麻将活动的情况来看，主要就表现为这几条。

以上叙述的"想得到与做得到"和"想得到与做不到"，都是从麻将竞技的角度来说的。如果从认识论的角度来说，这仅仅是个从"知"到"行"的一个片断，只叙述了"知易行难"的一面。而在中国哲学中，认识和实践的关系被表述为知与行的关系，其主要观点有：行先于知，由行致知；知之明也，因知进行；以行验知，以行证知；知行并进，相资为用。通俗地说，就是我们平时说的"讲得一事，即行一事，行得一事，即知一事"。

从本质来说，知识是引领行动的方法，而行动又是领悟知识的路径。所以两者是相辅相成、缺一不可的。是"知易行难"还是"知难行易"，两者难易程度是要因人而异的，是因时、因事而异的。

这些认识论的知识，对我们认识麻将规律及技艺都是不可缺少的。

67. 何谓"炮牌先行"与"炮牌慎行"？

这两句话的意思好像是相反的，应当怎样理解？

什么是所谓"炮牌"？每个人的判断是有差别的，一般说来，在少数情况下，是指打出去可以肯定要点炮的牌；多数情况下，是指打出去可能要点炮的牌。

判断准确要点炮的牌，一般不能打出去。然而，也要看"牌势"而定，如果是点大牌，坚决"扣死"，顺"势"改变自己的牌路，另辟蹊径；如果自己在做大牌，而要点的只是小牌，不能因小失大，则可毫不犹豫地点炮，送走一家，使自己获得更大的做高番牌的时间和空间。

一般规律是，在一盘牌的前期，可"炮牌先行"，虽有风险，但风险不大；在一盘牌的后期，可"炮牌慎行"，因后期"牌势"紧绷，风险很大。

这里需要强调的是，所谓"炮牌"，都是相对而言的，是随着"牌势"的变化而变化的。有时，两巡前是"炮牌"，两巡后就变成"空弹壳"了；有时，看起来是只"玩具狗"，但转瞬间会变成一只凶猛的"狼狗"！

总之，是不是"炮牌"，是依"牌势"的变化而确定的。是"先行"，还是"慎行"，得依"牌势"的变化而确定。"牌势"是第一位的、客观的；判断是第二位的、主观的。

这就是麻将里所蕴藏的辩证法。

68. 何谓"金三银七莫轻抛"？

"金三银七"是形容三、七张如同金银那么贵重。其原因很简单：三、七张上张的概率很大；换句话说，是其能连张的价值很高，比如手里有一张三筒和七筒，摸进任何一张筒子都可以上张，组成对子或顺子。

麻将有一术语叫"筋牌"。麻将专家对"筋牌"有两种解释：

一是单指三、七张：三、七条；三、七筒；三、七万。

二是搭子两头可连接的牌，互称"筋牌"。例如四、五万搭子，进张三、六万均可成顺子，三、六万可称"筋牌"。

筋是人体上肌腱或骨头上的韧带；而称为"筋牌"的张子，是说其能连接前后、上下张子，价值大，十分重要。

我们要养成一个习惯，凡是上张概率大的牌，都不要轻易抛出去。当然，"莫轻抛"也是相对而言的，一切从具体"牌势"出发，该抛的还是要毫不犹豫地抛出去！

69. 何谓"和牌不和头一把，后和千树万树花"？

这句话是错误的，同"千刀万剐，不赢头一把""不赢头一把，敢把皇帝拉下马"，都是一个意思，就是劝人不要赢头一把。

竞技运动都是很注重开局的，开局顺利，容易赢得主动，获得良好的气势。一开局就要有气势，气势是一种自信的力量。

苏轼在《思治录》中有句名言："其始不立，其卒不成。""立"是指要制定好规模、策略，"卒"是指结果，大意是说开头没有好的设想、好的气势，就不会有好的结果。

我们无论做什么事情，都要有"慎始"的意识。"君子慎始而无后忧"。不重视开局，要想"千树万树开花"，却往往是要失望的。

70. 何谓"围棋有定式，麻将无常规"？

定式就是长期形成的固定的方式和格式。

围棋的定式是很讲究的，简单地说，就是在布局阶段于角上接触时双方所认可的规范下法，是着手较为合理、利益大致相当的局部定型。定式是围棋学习中的基本功，也是围棋"平衡"文化中的精髓。围棋初学者必须掌握在开局阶段局部接触的"两分"变化，才能为后半盘的胜负对决奠定根基。

定式是前人总结的；都是高手大智慧的结晶，后人在运用时要特别注意全局的配合，当围棋水平不是很高的时候，要多记定式；当围棋水平还过得去的时候，可以活用定式，根据周边的态势，选择最利于自己的定式。

我们平时说的常规，就是被沿袭下来经常实行的规距，也叫"通常的做法"。而麻友们通常口头上说"麻将无常规"，是指"牌势"变化太快，让人捉摸不定。严格讲来，麻将规则就是大家必须遵守的规距，这就叫"常规"；至于这些常规是不是科学的，是不是都要遵守，那就是另外一个话题了。

围棋和麻将在开局时最大的区别是：

围棋是一方先投下一子，智慧的定式，这是主观的，然后顺"势"而行。

麻将是四方先取 13 张手牌，这是客观的，然后智慧地审牌，再顺"势"而行。

简单地说，一个是主观在前客观在后，一个是客观在前主观在后；而开始运行以后，则都是在怎样处理主、客观的关系中表现出自己的才能。

71. 何谓"审牌靠智慧，出牌靠意志，拆牌靠计算"？

审牌靠智慧。审牌是一项基本功，要有见识，要有辨析、判断的能力，还要很聪明、有远见。有些朋友把审牌仅仅看作是一盘牌开始时的一种审视，这是不对的。审牌是一盘牌自始至终的功夫，是贯彻全过程的。

审牌的重点：一是有自知之明，清楚这一盘牌的牌力；二是从实际出发提出这一盘牌的构想；三是维持"牌势"发展的合理区间；四是怎样机动灵活，势变我变，实现自己的构想。

出牌靠意志。出牌就是舍牌。舍牌看起来又容易又简单，把自己不需要的牌打出去就是了，而其实很复杂，既要思考自己的需要，又要思考对手的需要——注意，不是一个对手的需要，而是三个对手的需要；既要思考自己的牌力，又要思考因此而带来的风险。这种思考不是一次性的，而是反复不断的，直到退出胜负圈；有时是"牵一发而动全身"，一着妙算可腾空而起，一着不慎会全军覆没。所以要合理舍牌是很不容易的，需要有勇气、有决心、有意志力。

拆牌靠计算。成都麻将中的"拆牌"就是把一个对子或一个顺子拆开打出去。在一般情况下，牌手是不会轻易拆牌的。拆牌是在两种情况下发生的：一是自己要做大牌，二是打别的张子出去风险太大。

拆张一定要计算，计算什么？

一要计算拆去一个对子或一个顺子要几巡，自己还有多少时间和空间。最好的手气拆去一个顺子需要三巡，而经常的情况下需要四至六巡，甚至更多。

二是若要做大牌，需要计算实现的可能性有多大。比如是做清一色需要二、五筒，就要计算：还有没有？还有几张？出现的可能性有多大？

三是若扣下险张，要计算自己的"牌势"是否还处于合理区间；如果没有，则要紧急补救。有荒牌的规则，不必着急；没有荒牌的规则（如成都麻将没有荒牌的规则，而且还要查"叫"），那么就要尽快进入合理区间或者尽力把危害降低到最低的程度。这时计算是最重要的技艺，也是最关键的补救方法。

审牌靠智慧，出牌靠意志，拆牌靠计算，实际上是讲行牌中的三个重要环节以及正确认识和处置的方法。

72. 何谓"少吃得滋味，多吃伤脾胃"？

这是中医常说的话，也是养生学里的名言，其所表达的"少吃"与"多吃"的辩证关系，同麻将竞技中"少吃"与"多吃"的辩证关系是相同的，因而这句话就成了麻将学中的"牌谱"。

过去的老麻将玩法都有吃牌的规定，现在竞技麻将保留了这个传统，而休闲麻将中，有些地方规则可吃牌，有些地方规则不可吃牌。比如四川成都的"血战到底"就只准碰牌，不准吃牌。

"少吃得滋味，多吃伤脾胃"，并不是提倡"少吃"反对"多吃"。"得滋味""伤脾胃"是辩证地告诉我们吃牌要合理，合理的就吃，不合理的就不吃；换句话说，对我"牌势"有利的就吃，对我"牌势"不利的就不要吃。

打麻将的吃牌是很有讲究的，在一般情况下，处理的原则是：

一是"头不吃"。开头一两巡不吃，这时大局不明朗，匆匆吃牌可能束缚自己，又容易暴露自己手牌所取之"势"的意图。

二是违背构想的牌不吃。构想是一盘牌的路线图，有助的可吃，无助的不吃，否则就因小失大了。

三是有险不吃。吃牌前，必须思考吃牌后舍出什么牌，无险的可吃，有险的则不吃。

四是不增值不吃。这个"值"可以是加番，也可以是引出你所需要的牌或者是想扩宽自己的牌路。

有些麻将书中总结的"五吃五不吃""八吃八不吃""十吃十不吃"都可以参考。

值得注意的是，麻将的变化很复杂，"吃"与"不吃"都要从实际出发，具体情况具体分析、具体应对。

比如，有一种"吃牌"是为了想调整一下自己行牌的节奏；特别是在手气不好的时候，在可吃可不吃的情况下，吃牌调剂一下节奏也是可以的。

又比如，还有一种"假戏真做""真戏假做"的吃牌。本来没有牌吃，做出要吃的样子或者必须吃的牌却又装出勉强、犹豫的表情，目的是给人错觉，引诱对手作出错误的判断。

吃牌是麻将竞技中的一项基本功夫。

73. "十个倔汉九个粗，十次犟牌九次输"是什么意思?

平时我们形容一个人说话、行动很生硬时常说其"倔头倔脑"。这种人打麻将，一般比较粗笨、粗糙，粗放、粗疏，不精确、细致、流畅、周密，这样肯定是输多赢少。

犟，就是固执，古板，不善于变通。"犟牌"就是指不顺应"牌势"，不从实际出发，而只按自己的主观意志行事。应当顺"势"而行，而他偏偏要逆"势"而行，想用一股"犟"劲把劣"势"牌"犟"成顺"势"的。这样做是不可取的，一般来说也是徒劳的。

74. "先胖不算胖，后胖压塌炕"是什么意思?

麻将娱乐有胜有负。在行牌过程中，胜负的天平就一直在上下波动。有时向你抛个眉眼，送去微笑；有时向你龇牙咧嘴，送去厌恶。其实，这没有什么奇怪，这是一种常态。而有些人对输赢缺乏平常心态，赢了以后，心情激动，喜笑颜开，手舞足蹈。这句"麻坛口诀"就是规劝这种人，用不着这么兴高采烈，先赢不算赢，最后赢的才算数。

有些人因某一阵赢得比较多，就处处张扬，有点不可一世的味道，这句口诀也是规劝这种人的。

75. 怎样理解"似无即有，似有即无"?

打麻将是一项保密性很强的游戏；每一方都在研究对方的"牌势"，同时又要掩饰自己的"牌势"，似乎都在打"地道战"，以真真假假、虚虚实实的方法迷惑对方，给对方一种"似无即有，似有即无"的印象。

比如上家打出一张四条，你思考一下或者用手提拎一下手牌中的两张牌，似乎要碰的样子、但瞬间又决定不碰了。而实际上手中并没有四条，只是做个假象，迷惑对手。

在技术处理上方法也很多。比如在选"叫"的时候，有筒子——四六六六八，对方打出一筒，立即碰了，但舍出四筒还是八筒呢？一般来说，高手会舍出四筒，听七、八筒。为什么？因为碰一筒，又舍出四筒，对手会以为你肯定不要七筒而容易放出七筒来。这就是"似无即有，似有即无"所得到的效果。

76. 怎样理解"退是进，进是退"？

在麻将竞技中进与退是辩证的统一，有时进一步是为了退，有时退一步是为了进。这就像拳击运动员在竞赛中，进攻前往往是退一步，协调好全身力量再猛然挥出一拳；而退却前往往要佯攻一下，迷惑对手，使自己重新赢得主动。

在麻将竞技中，本来自己处于进攻态势，突然发现对方"牌势"极好，即将做成大牌，这时必须退却，寻找新的时空环境；相反，则要由"退"变成"进"。这句"麻坛谚语"就是告诉我们这种进与退的转换关系；这里的进是积极的，退也是积极的。

需要强调的是，或进或退必须从实际情况出发，"势"来则进，"势"去则退，而不是主观随意性决定的。

77. 为什么"对处不如一卡"?

麻将"下叫"的方式很多。其中有两种:

一是两对牌"下叫",成都称为"对处";

(插图 5)

二是两张牌"下叫",统称为"卡张"。

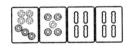

(插图 6)

是对处"叫"好?还是卡张"叫"好?回答是肯定的:"对处不如一卡。"

例如打牌要"下叫"了,手中有一对四筒和六六八条,是下对处"叫",还是卡七条呢?两种"叫"都是侍 4 张牌,为什么要选卡七条?从概率论来说,七条出现的机会多。成都时代出版社出版的袁正敏先生专著《麻将与数学》中这样论述:

(插图 7)

起手 13 张牌中,单张的概率为 9.571;

对子的概率为 1.436;

刻子的概率为 0.087;

杠子的概率为 0.00178。

这充分说明"卡张"出现的机会要比"对处"多得多。

所以,在一般情况下选"卡张"是正确的选择。但也不要绝对,还要根据"牌势"的具体情况来决定,要坚持具体情况具体分析。如果七条已经被碰了,"海"里已出现一张,卡七条就是"死叫";或者两、三家不要筒子,按成都约定成俗的规则,他们摸到四筒是必然要打出来的,在这种情况下,还是对处"叫"好。

78. 手牌中最后 4 张都是六筒,算不算有"叫"?

按成都休闲麻将规则应是有"叫",俗称"理论叫"。

我们看有"叫"无"叫"只有一个标准:牌搭配合理就是有"叫",搭配不合理就是无"叫"。比如四筒与六筒搭配就是有"叫",而四筒与七筒搭配就是无"叫"。

79. 怎样理解"先打八万是好汉,后打八万是笨蛋"?

"先打八万是好汉,后打八万是浑蛋",这句话在旧社会赌场里就很流行,有点粗俗;后来"浑蛋"改成"笨蛋"了,有点调侃的味道。

这里说的"八万"是指二、八张。麻将中的二、八张很重要,往往被说成是"筋牌"或"筋袖牌",能起到筋骨的作用;换句话说,就是二、八能连接其上下或前后张的概率比较大。

一般来说,二、八张在序盘和中盘初期舍出去风险不大,而在中盘后期和终盘舍出就可能有风险了。所谓"笨蛋",是指提醒你:后打要谨慎一点!

80. 为什么说"打牌如种稻"?

这是一个很好的比喻,说明两者有相通的道理。其要意是:

一要动静适时。种稻必须适时,误了季节就没有收成。同样打牌最重要的关节也是适时,"时止则止,时行则行,动静不失其时"。

二要科学管理。种稻时怎样护秧、怎样施肥、怎样除虫、怎样保收,都要做好。麻将竞技的过程也如同这个"科学管理"的过程,序盘、中盘、终盘都有必须掌握的要领。

三要抵御灾害。种稻过程中有各种灾害,麻将行牌中也有各种意料不到的"灾害",都一样,只有抵御灾害才能保住丰收。

81. 打麻将为什么要长心智?

打麻将的朋友,都希望自己经过实践各方面有所长进,比如对牌理的领悟、对规则的理解、对"牌势"的把握、对技巧的使用,等等。

最重要的是长心智。长心智是什么意思呢? 就是增长智慧,增长思考的能力,开阔胸怀,对世界、对社会、对人际关系有更深切的认识。

清代吴伟业是位学问家,当过翰林院的编修,他在《赠家侍御雪航》诗中说:"劲节行胸怀,高谈豁心智。""豁",是开阔、开通的意思,是说一个人应当有胸怀和心智。

打麻将的人都有一种体会,开始学打麻将的时候,觉得每张牌很大、很重,打起来很吃力、很紧张,有时甚至感到压得自己喘不过气来;随着时间的推移,随着心智的增长,觉得麻将牌变小了,变轻了,行牌也从容、自然多了。心态也变得平淡、宽松多了。

长了心智,心胸自然开阔;尤其是对待输赢,心里比较平和,几乎没有出现不良的情绪，而且开始享受智力竞技所带来的愉悦和美感……

长了心智，对技术的发挥是极有好处的。心静平和，可以清醒地认识、判断"牌势"，变得更机智、更灵敏、更快捷，胜率自然也就步步提高了。

长了心智，对人际关系也宽容了。众所周知，打麻将时出现的分歧比较多，遇到的矛盾也比较多，处理得好会增进友谊，处得不好会留下许多纠结。长心智学会宽容，就懂得了忍一时风平浪静，退一步海阔天空。

中国人重视长心智，外国人也很重视长心智。美国伟大作家马克·吐温说过："我的幽默和伟大的著作都来自于求助潜意识心智无穷尽的宝藏。"诚哉，此言！

82．"少动，动可不动，不动可动"是什么意思？

这句话听起来像"绕口令"，麻将新手很难理解其所说的是什么意思。

这是麻将高手利用理牌迷惑对手的一条经验：

一盘牌开始，每人要取13张手牌。这时每人都要根据自己的习惯理一理牌：有人大体理一下，看清楚就行了；有的人理得很仔细，筒、条、万分开，而且把每张颠倒的牌一一扶正；有的人根本不理牌，即所谓打"花麻将"。

麻将牌万字均可扶正，筒子和条子只有三、七可扶正。如果高手知道你有扶正的习惯，看你扶正的张数，看你取牌的位置就可以大体上知道你的"牌势"。

高手介绍经验，一要"少动"，可不整理的牌暂时不理；二要"动可不动"，本来要扶正的牌，可以不扶正；三要"不动可动"，本来不需要扶正的牌，故意去颠倒一下。这样做的目的是迷惑对方。这在正规比赛中是很有用的。

我们平时麻将娱乐，用不着费那么多心机，用不着那么劳神，尽可依据个人的习惯和兴趣，想怎么理牌就怎么理牌，想怎么玩就怎么玩。

83．怎样理解"点炮是失手，放和是高手"？

打麻将点炮是常见的事情，严格地说，是不可避免的。所有牌友都是在"炮声"中成长的。

点炮，有两种情况：

一是因计算不清楚、判断不准确而点炮，一般叫"打错了"，而对高明的牌手则称"失手了"。

二是受规则制约，无可奈何地点炮。打成都麻将有条规定叫"硬缺"，比如你是舍弃条子的，拿到条子就必须打出去，明知是火坑也得跳下去。这是一种落后的、不合理的规则。

放和，也有两种情况：

一是自己牌相甚佳，不惜放个小和，使自己获得更多的时空环境。放个小和也不容易，只有判断无误才能放小、放准，这是高手才能做到的。

二是打成都麻将已经"刮风下雨"、收获颇丰，然而自己无"叫"，无"叫"就要"退税"，这时只有放和，才能保卫胜利果实。有些高手放得非常准确，令人称奇！

第三部分

关 于 手 气

· ·

　　迷信手气是笼罩在麻将活动中的一层浓浓
的迷雾。这是一种自我心理暗示，是一种心理
缺陷——是在心理失衡的时候，希望找到一种
安稳的依托，仅此而已。

· ·

84. 为什么说手气是麻将桌上的幽灵？

手气，是麻将桌上一个如影随形的幽灵，来无影，去无踪，随时躲藏在你身边，始终伴随着你；时而让你欣喜若狂，时而又让你疾首叹息……

手气，到底是个什么东西？这是一个见仁见智、争论不休的大难题；而许多有关麻将的书中却都有意无意地回避这个问题。可以说，这是一个人人感受至深、却又说不清道不明的一个谜。

2009年11月内蒙古出版社出版了一本《麻将入门与百战百胜技巧》。洋洋洒洒四十六万字，其中谈到"手气"的篇幅不到一千字。作者的基本看法是："'运气'是神秘而又抽象的概念，至于它具体是什么东西谁也说不清楚"；"运气是种神秘的力量，谁也无法驾驭。"

还有一本麻将书，在谈到手气的时候，写道："人的运气，时好时坏，俗话说'三年一运，好坏照轮'。科学发达的今日，对此神秘的命运，还是无法解释。"

这两本书中所表达的意思是一样的：手气是一种神秘的力量，谁也解释不清楚。这就给所谓"运气"蒙上了一层厚厚的异常诡秘的不可知论的浓雾。

奇怪的是，在许多词典及《辞海》等工具书里也没有"手气"这个条目；个别词典里，也只是很简单地说：手气是"指赌博或抓彩时的运气"。运气是什么？说"运气"就是指"命运"，再往下就没有解释了。

手气就是运气，运气就是命运。于是有许多打麻将的人就顺着这个逻辑自由发挥说，命运都是命中注定的，而人是无能为力的。

究竟什么是手气，这需要大家一起来进行探讨。

笔者以为，要了解什么是手气，应当从哲学的高度入手，只有认识了什么是必然性和偶然性，才能揭开所谓"手气"这个幽灵的面纱。

什么是必然性和偶然性？

哲学教科书解释说，任何事物、过程都具有必然性和偶然性这双重属性。必然性是由事物的本质决定的，总是通过偶然性表现出来；偶然性和事物发展过程的本质没有直接关系，是必然性的表现形式和补充。

这段话不大容易理解。通俗地说，所谓"必然"，是指不以人们意志为转移的客观发展规律；"必然性"是指事物发展、变化中的不可避免和一定不移的趋势。所谓"偶然"，是指事理上不一定要发生而发生的情况；"偶然性"是指事物发展、变化中可能出现也可能不出现，可能这样发生也可能那样发生的情况。

我们打麻将的过程，就是不间断地同必然性和偶然性打交道的过程。打麻将要定庄、洗牌、砌牌，把一连串的客观的"偶然性"掩藏在牌墙里面；然后又经过掷骰子、进张、舍张、碰牌、杠牌等一系列操作，把掩藏在牌墙里面的未知数一个一个揭示出来，有时平常一般，有时支离破碎，有时漂亮好看，有时完美无缺，这就是所谓的"手气"。

有朋友开玩笑地说，这个"过程"有时像喜剧，恋爱、结婚、生子；有时像悲剧，懊恨、暗泣、分居；有时像闹剧，哭嚎、打架、离婚……在麻将娱乐中制造出这些戏剧的幽灵就是所谓的"偶然性"——"偶然性"以各种不同的方式，给你带来各种不同的"手气"，时而拥抱你、亲密你，时而冷落你、睥睨你，时而仇视你、刺伤你……

换句话说，手气就是由各种复杂的客观因素交织在一起而演变出来的各种各样的机遇。一般来说，机遇就是手气，也就是你在打麻将的时候所遇到的客观的不确定因素所形成的机会和境遇。

在行牌过程中，这些客观机遇也在继续变化着。有时牌相好得出奇，如有神助，妙不可言，有梦想成真的感觉；有时相反，左不成对，右不成型，丑陋不堪，好像有一种力量在故意捣乱、故意折磨你直到这盘牌结束……

这就是手气的本来面目，就是客观的偶然因素交织而成的机遇，具有交错性和不确定性。

对打麻将的人来说，手气是很有吸引力的，给人一种兴奋、一种渴望、一种遐想，那种感觉仿佛在洞房花烛夜揭开新娘盖头、一睹芳容时的醉人……这就是偶然性所带来的魅力；这就是手气所带来的兴趣。

在相对短暂的时间里，好运气给你带来愉悦和惊喜，好像钟情于你，而冷落别人，这种感觉是真实的；然而往往在转眼之间，好运气又移情于别人，反过来冷落了你，这种感觉也是真实的。其实，在相对较长的时间里，手气不会厚此薄彼，不会优待一方、慢待一方……

手气不是主观的，仅仅是多种客观因素所造成的机遇。

有段时间，笔者很想知道澳门"大赌王"何鸿燊是怎样认识"运气"的，后来查得资料——有人问他："一命、二运、三风水、四积阴德、五读书"哪个最重要？他回答："运气所起的作用不超过百分之二，至于命运、风水，我更完全不信……"

国际知名的圣严法师在多次演说中讲到："人生总有许许多多无奈，世人总在跌跌撞撞中成长，我们无法掌握运气，但可以创造际遇。尽心尽力做好自己的工作，又以额外的时间去协助需要帮助的人。如此以来，拥有好机遇的机会就会多一些。有了奉献精神，一旦别人有好的机会，就会想到找你合作，际遇自然是属于你的。"

诚哉斯言！真理就这么简单，这么朴素，非常符合佛教的教义，又没有任何宿命论和不可知论的色彩。

85. 手气与迷信是什么关系？

在许多麻友的眼中，手气是一种不可知的神秘力量或者说是一个无形的麻将之"神"，左右着麻将桌上人们的命运，于是便自觉不自觉的把手气与迷信联系起来，作为心理的平衡器和精神的依托，想轻而易举地从中找到麻将制胜的密码。

迷信是不科学的，是有害的心态和情绪，很容易把人们引到左道旁门中去。比如有人相信：去打牌的时候身上带钱的数目，若是1、5、6、8、

9"要""我""顺""发""久",——就一定会赢;若是3、4那就不吉利了——不是输"惨"就是输"死"。在去打麻将的路上,如果碰见办丧事的,一定赢牌;如果碰见办喜事的,一定会输牌;若是看见商店的招牌是"樱红""英峰"一类的字眼,一定会"赢红""赢疯";而若是看见"曙光""书报"一类的招牌,一定是"输光""输爆"。

最近《澳门日报》上刊载了一幅漫画:一位母亲正在打麻将,小儿子在母亲背后坐在一个小板凳上读书;母亲输得心烦,突然转过身来,愤怒地伸出手臂,指着儿子骂道:"不准在我身后看书!"这时母亲的头发变成红色,像一团正在燃烧的火焰;小儿子莫名其妙,呆呆地瞪着一双困惑的眼睛——他不明白,问题就出在他手中那本"书"上,书者"输"也!

这类"谐音"的笑话多了:老婆在打麻将,赢得正欢,丈夫想叫她休息一下,说:"去把簸箕里的土拿去倒了。"老婆不去,说:"倒土,倒土,把赢的钱都倒吐出去?"丈夫说,:"好,倒土不吉利。你看水开了,去把暖壶灌满。"老婆很高兴,说:"马上就去,灌满,灌满,就是满贯!"

有些人把打麻将的输赢,与当天自己穿衣服的颜色联系起来:穿白色,装钱的口袋会被洗白;穿灰色,会输得灰溜溜的;穿黑色,带丧气;而要穿喜庆的、明朗的、富有活力的颜色,会带来好运。有些人去打麻将的时候讲究穿红衣服,戴红坠子,拴红头绳,手腕上缠一根红线,可他们却不知,他们最忌讳的颜色恰恰是全世界最流行的颜色——白色明亮,灰色时尚,黑色庄重;而红色,却像红灯警示的信号!

有的人则认为,打麻将之前,不要剪指甲,不要洗澡,不要理发,更不要剃光头——所谓"剃头三天光"。

其实,婚嫁送葬、商场名称、各种谐音、衣服颜色,与麻将桌上的输赢完全没有必然联系,也没有什么因果关系,而仅仅是有迷信心理的人主观意识上的想当然的联想、一种幻觉、一种虚构、一种假设,即心理上的一种自我暗示而已。

再比如,一盘牌结束结算筹码的时候,若筹码是扑克牌,便要给对方黑色的,而给自己留下红色的,意思是把霉运送给对方,把红运留给自己；要给点数小的，留下点数大的，而且千方百计留住 J、Q、K 和大、小王，说那是"镇财之宝"；如果手气还不见好转，就把筹码放在屁股底下坐一坐、压一压，那样财气就不会跑掉……这些做法可不可以保住财气、扭转手气？只有天知道！

有些人手气不顺的时候，就频频上厕所屙尿，说是："把霉尿屙掉，好运就来到。"有些人则相反，手气不顺的时候就要憋尿，说是："屙泡尿，输一吊。"这类相反的表现，常常让人忍俊不禁……

上面所列举的许多现象，都给扣上"迷信"的帽子，也是不适当的。实事求是地说，真正相信迷信的人并不多，有些人只是闹着玩、逗逗趣、图个吉利，以活跃麻将桌上的气氛；有些人则是一种习惯，给自己带来一个好心情；有些人是半信半疑……然而不得不说的是，生活中许多事情都是玩着玩着，不知不觉就"迷"进去了，就"信"进去了。

其实，迷信是全世界普遍存在的一种社会现象。俄罗斯心理学家马克·桑多米尔斯基说："各个国家，不管发达程度如何，都有近百分之五十的人有迷信心理。"美国人三分之一相信有鬼，法国人三分之一相信四叶的三叶草能够带来好运。我国南方某市法院，先后有五个官员被"双规"，原因是其为了制止"霉运"，把法院大门口的十一级台阶，改为九级台阶，并在另一个大门口两侧放置了两头石狮。更滑稽者，还有的国家单位盖大楼，也要买只大红公鸡在其脖子上割一刀，然后提着滴血的公鸡在工地上绕上一圈，祈祷"大吉大利"。

社会上这方面的趣话可以说上一千零一夜，如此看来，麻将桌上有这个晃来晃去的影子也就见怪不怪了。

迷信是一种心理缺陷。是因不适应社会环境和家庭遭遇而产生的紧张心态的表现，是无法摆脱困境的惶惑心态的表现，是失去信仰的犹豫心态的表现。

迷信也是一种自我暗示，自我安慰，是在心理失衡的时候，希望找到一种安稳的依托；但其结果，却只能是自己困扰自己、自己纠缠自己、自己给自己增加烦恼。

86. 心态、技术、手气之间是个什么关系?

心态、技术、手气是麻将制胜的三要素。打麻将的过程中,心态、技术、手气这三个要素之间是个什么关系呢? 是交融在一起的、不可分离的,是互相影响、互相促进、互相制约的关系。

打麻将的朋友,务必要注意处理好这三者之间的关系,进而善于驾驭这种关系。在行牌过程中,如果处理得好,就可能出现这三个要素互相推动的良性循环,这时"牌势"就会非常顺畅,想要风就起风,想要雨就下雨,心想事成,奇峰叠起;如果处理得不好,就可能出现这三个要素互相抵制的恶性循环,这时"牌势"就会非常坎坷,就像顺口溜所说的:"越输心越慌,摸牌不上张,上张不靠张,靠张不'下叫','下叫'就点炮。"

制胜三要素中,哪一个起主导作用呢? 这是一个众说纷纭很难回答而又必须回答的问题。

按照唯物辩证法的观点,制胜三要素缺一不可,有时心态起主导作用,有时技术起主导作用;如果心态良好、技术发挥正常,手气就起主导作用。具体问题必须具体分析,离开这一点就得不出正确的结论。

心态与技术的关系,简单地说就是:心静技精,心烦技粗。篮球名将姚明说:"心态不正常,技术就变形。"我国乒乓球世界冠军杨影也叙述过心态与技术的关系,她说:"技术提高是容易的,心理突破是困难的。"

心态与手气的关系,简单地说就是:心平运至,心躁运失。

在这三要素的关系中,最重要、最复杂、最难说清楚、最多争议的是技术与手气的关系。

手气是由交织在一起的客观因素演变而成的各种各样的机遇。这样就自然而然地出现一个问题:打麻将是靠手气还是靠技术? 或者说,主要是靠手气,还是主要靠技术? 这个问题在研究麻将文化的学者中历来争论不休,一直延续到今天。

麻将制胜的金钥匙

有一本麻将著作《麻将攻略绝技》中说："运气是一种神秘的力量"；"不论你技术好不好，运气好就去打牌，运气不好就要采取躲避的态度"。

内蒙古出版社出版的《麻将入门与百战百胜技巧》中说："有人说打麻将'运（气）六技（巧）四'，也有人说是'运七技三'，还有人说是'运八技二'，几乎没有人会说技术高于运气。"

有位在麻将文化方面著书立说的前辈，在其最新出版的一本书中说道："是技术决定胜负，还是机遇处于主导地位？不只笔者现在还不能回答这个问题，我请教了许多老麻将爱好者，他们也无法回答。看来这个问题还要经过长期的深入的探讨和研究才能解决。"

可见，要回答这个问题是非常困难的。

近年来，这个问题似乎争论得更热闹了。最近四川图书市场上有一本正式出版的麻将读物，说"手气就是机遇"，并强调"机遇性在麻将活动中起主导作用"，手气好坏是"麻将活动中取胜的基础"。几乎同时，广东也有一本正式出版的麻将读物，则强调在行牌过程中"技能是制胜的关键"，"如何利用好运气或者减轻厄运，则视各人技巧的高低和实战发挥了"，而且尖锐地提出，过分强调手气是向麻将活动"灌输靠运气赌钱的毒素"。——两种观点尖锐对立！

也有学者认为："手气和技术混合在一起，是麻将游戏的特点。"意思是说，没有必要去分其主次。

打麻将的人们，也经常围绕这个问题，各抒己见，争论不休。一部分人认为："七分手气，三分技术"；"牌无常规，手顺无敌"。一部分人认为："三分牌，七分打。相信运气人犯傻"；"牌技精通，牌势如风"。——群众也是两种观点尖锐对立。

目前比较广泛流行的看法是"七分手气，三分技术"，也就是说认为手气是制胜的关键。

笔者认为，打麻将既要靠技术也要靠手气。从行牌的过程来看，简单地说，取到的十三张手牌完全靠手气；然后，每取到一张牌全靠手气，而每舍去一张牌全靠技术；要想制胜，主要的技术在于舍牌；手气和技术是交织在一起的，直到一局牌的结束。

行牌的过程是在各种客观的手气因素和各种主观的计谋、技巧因素相互交织、相互作用中向前发展的。这些主观因素、客观因素此消彼长、相互转化、变幻莫测的过程，正是麻将娱乐的天趣。

在一般情况下，手气和技术相较，技术起主导作用和持久的作用，手气则是偶然的、不确定的因素。手气可以给你一把绝妙的好牌，可以使你一天顺畅，可以使你在短时间内充满"阳光"，但不可能始终如一地钟情于你。手气可以给你短暂的辉煌，而不能帮助你建立"丰厚的业绩"。相反，精通麻将的谋略、战术和技巧却是持久制胜的因素。深懂牌艺又遇上好的运气，就如鱼得水、如虎添翼、锦上添花了。遇到手气不顺时，也会以良好的心态去抑制它、改变它、等待它，以待重新获得主动。从长远来看，具有良好的技能必然是赢家。

"七分技术，三分手气"才能反映麻将娱乐的本质。不注重研究牌技而只相信运气的人，往往犹如一条没人掌舵的小舟，在江河中随波逐流，其结果不是被礁石撞碎，就是被恶浪吞没。

技术与手气的关系，是同麻将规则联系在一起的。规则偏重、强调技巧性，就增加技术的主导作用；规则偏重、强调机遇性，就增加手气的主导作用。按照由国家体育总局颁布的《中国麻将竞赛规则》进行比赛，是技术起主导作用。成都麻将规则规定"硬缺""下雨"以后，明显增加了依靠手气的成分。

技术与手气的关系，大体上可以简单地这样概括：

一是在一般情况下，在相对较短的时间里，手气可能决定胜负的命运；而在相对较长的时间里，技术则是决定胜负的基础。

二是各类麻将规则差异很大。规则强调技术性，就增强技术的主导作用；规则强调机遇性，就增强手气的主导作用。

三是在相对的时间内，打麻将的四个人，如果心态都很稳定、技术水平相当、都发挥正常，这时手气则起主导作用。

在这个问题上，容易犯简单化、片面性的毛病，一定要具体问题具体分析。

87. 运气可以预测吗？

在一本麻将著作中，有这样一种结论："人的运气，时好时坏，'三年一运，好坏照轮'。科学发达的今日，对此神秘的命运，还是无法解释。"

既然是"无法解释"，那么在打麻将的时候，应当怎样对待运气呢？

这本书中是这样回答的："有人说麻将宛如'人生缩图'，低潮的时期，不可思议地无论如何也难以获胜；高潮的时期，即使有打算输的心却一帆风顺，好像除去技术，（就是）由人与人的命运来左右胜负一样。""自认为现在是低潮，最好不去摸牌；就算是最要好的朋友来邀请，也应找借口，坚决地加以拒绝。能够实实在在，有勇气说'不'的人，才是真正的胜利者。""没有打牌的情绪，而且有事缠身，（但逢）只要有人对你说'三缺一，你来正好'，你就觉得不好意思拒绝，立即随和，这种人绝对不能成大器。勉强答应也有胜的时候，但如此意志薄弱的人，总不能算是人生的胜利者，就雀战而言，也是列入败者的行列。""总之，低潮时，应谦虚自重，远离雀牌。能够自重的人，才能迎来明天的胜利。"

上面这段耐人寻味的文字，告诫麻将爱好者，运气高潮时，可以去打牌；低潮时，就千万不要去了……

这就让人困惑了。书中所讲的是"攻略绝技"，主题所讲的是"攻略"——"攻略"者，进攻的谋略和策略也。但上面所引出的那段话，讲的却是躲避和逃跑，以很重的话反复告诉你：运气高潮时应该去打牌，运气低潮时必须拒绝打牌。作者的话里隐藏着一种由对运气的不可知论所带来的畏惧，用老百姓的话说就是"运气是个鬼，惹不起，躲得起"。这显然不是科学的态度。

打麻将的运气，就是参与玩麻将的人都面临由客观因素交织而成的机遇。这种机遇具有偶然性、交错性和不确定性。在打麻将之前，不可能预测出今天的运气是高潮还是低潮；即使有"今天要赢"，或者"今天要输"的感觉，也仅仅是自我心理暗示而已。

有些人预测运气，比如头天晚上睡觉梦到了抓鱼或者爬山，那第二天运气肯定好；如果梦到了跌进河里或者被狗咬、黑猫，那第二天肯定碰上霉运。以这种传统的"解梦"的方式，推测运气的好坏，心理学家曾经指出这是不科学的，也是一种自寻烦恼！

运气的好或孬，不像白天和夜晚的轮回那么准确，不像汛期到来有个固定的季节，也不像台风来临之前有清楚的征兆"预报"，其高潮和低潮以及两者之间的转化、交替和过渡，绝对不会是"三年一运，好坏照轮"，而可能是一个较长时期，可能是一个月，可能是一周，可能是一天，也可能是几个小时……

麻将桌上有句戏言："输家怕停电，赢家怕吃饭。"停电，可能失去翻盘的机会；吃饭，可能中断旺盛的气势。这说明运气的高潮和低潮间的变化是很快的。

经常发生这种情况：上午输得一塌糊涂，下午逆转赢得硕果累累；或者上午是一片艳阳天，下午却挨个瓢泼大雨……

无数的事实反复证明，运气的高潮和低潮是无法预测的。若依据自己近期的状态来推测未来运气的好坏，一般来说，这种推测是不可靠的。

问题的症结是：打麻将的时候，怎样对待手气的低潮？

首先要认识到，打麻将的运气，肯定有高潮也有低潮，同时两者还在不间断地转化着。"水波而上，尽其摇而复下，其势固然者也。"就是说有涨潮，也有退潮，时高时低，时涨时退，都是自然趋势，是很正常的现象。

二则要沉着冷静，不要烦躁苦恼。仔细想一下，自己的心态是否平稳，技术的发挥有没有毛病，如果这两方面有问题，必须及时纠正度过低潮期；如果心态和技术都是正常的，那就是手气太差了，这就需要"养牌"。

三则"养牌"不是消极等待，而是一种有信心的积极的情绪。"养牌"

143

可能是从"养兵"引伸过来的。打牌时要沉稳，避免急躁，不贪大，不高攀，不冒进，能和即和。

四则对待手气低潮期，有两种态度：一是唉声叹气，畏缩不前，躲避逃跑；一是激发自己的"自愈能力"，懂得没有永恒的幸运、也没有永久的霉运。要善于调动自己，鼓励自己，点燃自己心里的火花。

笔者认为，这才是从低潮转化为高潮的真正的"攻略"和"绝技"。

这里顺便插上几句闲话，遇到以下几种情况，是要远离麻将的：

一是自己处于悲伤痛苦的时候；

二是自己处于烦躁焦愁的时候；

三是自己处于病魔缠身的时候；

四是自己家庭纠纷难解难分的时候。

因为在这些情况下，不可能有良好的心态和积极的情绪，不适宜进行智力竞技活动。若硬着头皮去打牌，一般说来是要掉进河里，很难爬上岸来……

我们在现实生活中，要成为"人生的胜利者"，应当以唯物论的态度，有勇气去面对各种各样的运气，不要惧怕，不要躲避，不要屈服，更不要逃跑；要自信，要进取，要激情，要顽强，要有"老骥思千里，饥鹰待一呼"的气概。

88. 何谓"手气跟着气势跑"？

手气是由各种不确定的客观因素交织在一起而出现的机遇。

气势是打牌的人主观上所表现出来的气度和气概，比如古人形容打仗的将军是"气吞风云""气吞万里如虎"。

从两者的关系而言，手气是不会跟着气势跑的。"气吞风云"的人能遇上好运气，也能遇上坏运气。

但为什么又说"手气跟着气势跑"呢？这是因为，有气度的人能以良好的心态来对待手气。心平运至，乘势而为；遇到坏运气，也能泰然处之，很快使劣势变成优势。古人还说过一句至理名言："气乱则智昏"！

"手气跟着气势跑"的含意，大体说来就是这样。

89. "新手运气旺"是规律性现象吗？

有人说，打麻将的规律好像是这样的：新手初打时，手气很旺；有了一定基础后，就开始手背，总是输；等越过这个瓶颈期、提高到一个层次后，其旺、背就平衡了。

笔者认为，在麻将活动中不存在这样的规律。

我们首先要明白什么是规律。规律是事物之间内在的本质联系，并且决定着事物必然向着某种趋势发展。规律是客观存在的，是不以人们的主观意志为转移的。

一个人麻将技艺的提高是主观努力的结果——是知识积累有了经验，经验多了学会应变，应变多了增加智慧，智慧多了会认识、利用规律，这就是提高麻将技艺水平的过程。

手气是偶然因素，带有很大的侥幸性和不确定性，不会钟情于初学者，也不会因为你的技艺提高了它就走了，更不会你过了"瓶颈期"，它又使你回到"旺、背平衡"，这是不可能发生的事情，因为手气是不听主观招呼的。

为什么我们常常会感到初学麻将的人"手气很旺"呢？其实新手和老手的运气是一样的，有时"旺"，有时"背"。因为新手的技艺肯定是很幼稚的，故人们都不会太注意，因而他们手气好时就显得格外亮眼，但其仅仅是一时的、表浅的感觉，不是规律性的现象。笔者长期观察，新手的运气并非都好，也有很背的，也是不确定的。

还有一个问题，手气能"旺背平衡"？不能。手气是客观的，是在不同时间、不同地点、不同对象、不同条件下偶然发生的，不可能是平衡的，总是或大或小、或多或少、或轻或重、或清或浊出现的。至少在我们麻将活动的习惯中，是感受不到"旺背平衡"的；如果硬要说可以"平衡"，那也只能是在哲学意义上旺与背、背与旺互相转化时的那种暂时、过渡的或转瞬即逝的一种状态，而在麻将竞技的层面来说，没有"旺背平衡"的现象。

其实，我们在探讨主、客观关系或手气与技艺关系的时候，更具有实践意义的是：手气"旺"时和手气"背"时，我们所应有的心理准备和有效的对应策略。这才是研究麻将规律时要抓住的一个重点。

90. "大难不死，手气必红"有道理吗?

一位朋友刚拿到驾驶证，开车操作不当，汽车来了个底朝天，所幸无人受伤。朋友和同行人从车里爬出来，连声说"大难不死，手气必红"，于是便说笑着走进了小区麻将室。

这些话有道理吗? 这种说法是没有科学根据的。有些人很迷信，寻找千奇百怪的理由，来说明"手气必红"。比如遇到丧事，天上出现双彩虹，一个婴儿对着你笑，一条金鱼在水中翻滚，一条狗围着你转一圈，等等，把任何无缘无故的事情同"手气必红"联系起来，实际上是找个理由去打牌。不客气地说，这是一种心理缺陷。

"心理缺陷"是指无法保持正常人所具备的心理调节和适应等平衡能力，心理特点明显偏离心理健康标准，但尚未达到心理疾病的程度。心理缺陷的后果是社会适应不良。在现实生活和心理卫生实务工作中，最常见的心理缺陷是性格缺陷和情感缺陷，其表现有很多，主要是：

一是这种人的人际关系和社会环境的适应能力很差；

二是性格固执，敏感多疑，容易产生嫉妒心理；

三是容易接受暗示，好表现自己；

四是对客观事物和人际关系，表现出焦虑、紧张，忧心忡忡，疑虑不决；

　　五是情绪经常处于忧郁、沮丧、悲哀、苦闷状态。

　　这是我们要十分警惕的！

91. "人旺我乱打"对吗？

　　麻友来信说："如果在麻将桌上一直是手气背，说明运气已经转向别人，这时需要扰乱'气场'，一定要乱打（俗话说胡吃乱碰），但前提是自己不能轻易点炮，努力将'气场'打乱，你才有可能让运气再回到你这里。"

　　任何竞技体育和游戏项目，都是有规矩、有规则、有规律的，无论自己运气好不好，对手运气好不好，都要按照规矩、规则、规律去打，可以在策略上、技巧上有些变化，但切不可"乱打"。"乱打"就是不按规矩、规则、规律去打，这样做是必输无疑的！后果肯定是碰得头破血流。

　　胡吃乱碰是麻将竞技的大忌。吃、碰都是有原则的，合理、有利可吃可碰，无理、有害则不吃不碰。一般来说，比如吃牌，开牌不吃、有险不吃、临荒不吃、已听不吃、相背不吃，等等；比如碰牌，起手不碰、无番不碰、拆副不碰、对少不碰、有险不碰、利庄不碰、断龙不碰，等等。这都是长期积累的经验，是符合"顺'势'而变"法则的。所以不能"胡吃乱碰"。

　　所谓"胡吃乱碰"能扰乱"气场"，实只能扰乱自己的"气场"，帮助别人的"气场"；所谓"胡吃乱碰"的"前提是自己不能轻易点炮"，实"胡吃乱碰"必然是任意舍牌，导致轻易点炮。

　　"乱打"不是麻将竞技的技术，而是很任性、很幼稚的表现。打麻将不守规矩，蔑视规则，背离规律，所带来的结果只能是悲剧的命运！

92. 手气是从哪里跑出来的？

笔者最近读了一本麻将新著，书名较长，简作《竞技》；其中有一章是论"牌运"的，拜读之后，想说些看法。

目前在众多的麻将书中，对"牌运"问题，众说纷纭，莫衷一是，各种各样的说法，似乎都言之凿凿地称自己的观点是"科学分析"。

研究手气，首先要解决的问题是：手气——这个来无影去无踪的"幽灵"，是从什么地方跑出来的？眼下的回答很多：来自天，来自地，来自心理，来自五行，来自八卦，来自意志，来自战略战术，来自健康，来自人体生物钟……有的书上甚至说："这是科学发达的今天仍未解决的难题。"这就是说，弄不清楚这所谓"手气"是从什么地方跑出来的！

《竞技》的作者回答得非常自信和肯定："笔者以为，决定亿万人类的命运的战争胜负因素尚且可预测、可分析、可一一列举出来，且也没有什么超自然的神秘力量对战争胜负起作用，一副人为制作出来的小小麻将牌的娱乐、比赛或胜或负，怎么能引起超自然的力量的"垂青"和"光顾"呢？麻将是人创造出来的，是人用这小小的玩意儿进行娱乐、竞赛和活动，决定比赛胜负的因素即所谓的'牌运''手气'也主要在于人本身。"

我们暂且不说，决定比赛胜负的因素是很多的，并不是只有所谓"手气"。作者的观点很明确，所谓的"牌运""手气"也"主要在于人本身"，接着讲了许多"人本身"的要素。

难道麻将竞技中的"牌运""手气"是从"人本身"跑出来的吗？笔者以为绝对不是。那么是从哪里跑出来的呢？

我们打麻将的过程，就是不间断地同必然性和偶然性打交道的过程。手气就是由交织在一起的各种复杂的客观因素演变出来的各种各样的机遇。一般来说，机遇就是手气，也就是你在打麻将的时候，所遇到的由客观的不确定因素形成的机会和境遇。

笔者认为，直接、简单、明确地说：所谓"牌运""手气"就是指"**牌势**"发展变化中客观存在的偶然性、侥幸性现象，所谓"牌运""手气"就是从这里跑出来的，是客观的，而绝不是从"人本身"跑出来的。

93. 为什么说客观性是认识手气的前提？

要认识所谓"牌运""手气"，首先要明确它所指是客观的还是主观的？

必然性与偶然性是客观存在的。必然性是客观事物联系和发展中合乎规律的、一定要发生的、确定不移的趋势。偶然性是客观事物联系和发展中并非确定发生的、可以出现也可以不出现的、可以这样出现也可以那样出现的不确定的趋势。

对待客观的东西，我们的主观意识只能认识它、顺从它、适应它，而不能违背它、改造它、对抗它；对待客观规律，就是老百姓常说的：顺者则昌，逆者则亡。

《竞技》书中有个题目叫"'牌运'是由什么决定的"，其中写道：

"所谓的'牌运''手气'也主要在于'人本身'。这些因素大致可分为……

我们能看得见、认识到的——如精力和体力，战略与战术。

我们似能看见、或看不见但能认识到的、人为因素可左右的——如理念和心理。

我们看不见、也摸不着的——概率事件。

我们既看不见、也可能认识不到、人为因素难以左右的——人体生物钟。"

《竞技》说这些都是"牌运""手气"的因素。因素的意思是"构成事物本质的成分"。作者明白地告诉大家："牌运""手气"是由"精力和体力""战略与战术""理念和心理""概率事件""人体生物钟"构成的，或者是说上面所说的内容加起来就叫"牌运""手气"。

打麻将的手气，就是在行牌过程中由交织在一起的各种复杂的客观因素演变出来的各种各样的机遇。在手气的本质因素中，只有客观条件，而没有主观因素；掺和进去任何主观因素，就不是客观规律了，就混淆了主观和客观的关系，就改变了事物的性质，就不科学了。

必然性与偶然性是客观事物发展变化的规律。麻将竞技变化中的偶然性也是客观的。规律的客观性有三层含义：一是不以人的意志为转移；二是不能被创造，也不能被消灭；三是集中表现在它的不可抗拒性。

《李锐往事杂忆》这本书中有个故事：1959年"庐山会议"时，7月11日晚毛泽东找周小舟、周惠和李锐谈话，毛泽东说："去年是几件事都挤在一起了，打麻将十三张牌，基本上靠手气。谁知道搞钢铁这么复杂，要各种原材料，要有客观基础，不能凭手气。"这个故事告诉我们，要把主、客观的关系分清楚，违背客观规律是要付出代价的。

《竞技》作者所列举的"牌运"和"手气"因素，大多是主观因素而不是客观因素。如果这个结论站得住脚，"牌运""手气"是主观的，主观是能征服、跨越客观规律的，想想那会是一个什么局面？

所以，客观性是我们认识牌运的前提，离开这个前提，是非就混淆了。

我们玩麻将决定胜负的要素是什么？（请注意：是决定牌局胜负的要素，而不是手气的要素）笔者以为主要有四条：一是良好的心态；二是精细的技术；三是好手气；四是把握机遇的能力。其中有三条是主观的，有一条是客观的；从决定牌局的胜负来说，人的主观因素起主导作用。

94. 怎么认识偶然性？

《竞技》的作者列出那么多主观因素（如精力和体力、战略战术等）视为是"牌运""手气"的本质内容，其主要原因，也许是对辩证唯物主义中的必然性与偶然性的客观规律不够重视，对这条客观规律与麻将竞技的关系不够重视。

比如《竞技》书中，在"麻将竞技与哲学"一章中，有一节题目叫"必然性与偶然性"。令人惋惜的是，作者在这一节中，只是简单地解释这个范畴的含意，而没有一个字联系到麻将竞技。这可能不是忽略，而是没有意识到这个范畴与麻将竞技的密切关系。也许正因为如此，才把许多主观意识当成了"牌运"的要素，从而模糊了主、客观的严格的界定。

关于必然性和偶然性这一哲学范畴，恩格斯有一段非常精辟的论述："在事物的联系和发展过程中，必然性和偶然性是同时存在的。必然性通过偶然性为自己开辟道路，必然性通过大量的偶然性表现出来。偶然性是必然性的补充和表现形式。没有脱离了必然性的偶然性。凡看来是偶然性在起作用的地方，偶然性本身又始终服从于内部的隐藏着的必然性。"

这使我们领悟到，偶然性是客观的，既不是超自然的神秘力量，也不是什么妖魔鬼怪，而是在事物的联系和发展过程中出现的普遍的、又是很普通的现象。正像有学者所说的，"我们的生活充满偶然性"。

我们的竞技体育项目中都存在偶然性。问题在于麻将竞技中所存在的偶然性比例过重，竞技麻将的规则比较科学，而各地流行的约定俗成的规则中偶然性比例过大，往往是靠"牌运""手气"决定胜负。这是一种不良倾向，发展下去势必滑向赌博的旋涡。

进一步认识偶然性是很重要的：

其一，偶然性是客观的，麻将竞技中的"牌运""手气"，绝对不是由主观因素构成的，而是"牌势"发展变化中偶然性、侥幸性的表现。

其二，偶然性也是竞技运动项目中的本质属性。只要其所占的比例合理、科学，就能提高竞技的观赏性、悬念性，能给观众带来惊喜和快乐。

其三，目前麻将竞技中的偶然性比重过大，尤其是各地约定俗成的规则中使麻将成为比手气的游戏。要警惕这种不良倾向，要通过学术研究逐步解决这个课题。

95. 手气与人体生物钟是什么关系？

把手气与人体生物钟联系起来是一个有趣而新颖的话题。这是有麻友在《竞技》书中提出来的；且其不仅提出来这个题目，而且把人体生物钟说成是牌运的"主要因素"。

人体生物钟又称"人体生物节律"，大概意思是：

智力节律周期为 33 天，它影响着人们的记忆力、敏捷性以及对事物的接受能力、逻辑思维和分析能力等；

体力节律周期为 23 天，它影响着人们的体力状况，包括对疾病的抵抗能力、肌肉收缩能力、身体各部分的协调工作能力、动作速度、生理变化适应能力，以及其他一些基本的身体功能和健康状况等；

情绪节律周期为 28 天，它影响着人们的创造力、对事物的敏感性和理解力、情感与精神及心理方面的一些机能等。

一个人的"智力""体力""情绪"状态在每个周期中都分别有高潮、低潮和临界期。

一个人的三个周期正好都处在高潮期的时候，就有可能表现出超乎寻常的能力来。

人体生物钟仅仅是从生物学的角度揭示了人体在三个方面（智力、体力、情绪）运行的必然性。这就是"人体生物钟"概念粗略的、基本的内涵。

人体在三个方面运行的必然性具有广泛的应用价值。但是，智力、体力、情绪在麻将竞技中的表现都是人本身的生物状态，而不是客观因素。

《竞技》的作者是这样论述的："竞技麻将是'三分牌，'七分打'。这'七分'就是精力、体力、战略、战术、理念、心理，'三分'就是我们目前还难以认识和驾驭的概率和人体生物钟。"

这就是说：手气等于概率和人体生物钟。但这是站不住脚的。我们暂且把"概率说"放在一边。"手气"和"人体生物钟"一个是哲学概念，讲事物发展变化的规律；一个是生物学概念，讲人体变化的周期——所指是两条道上跑的车！从研究麻将竞技的角度来说，范畴不同，性质不同，人体生物钟不可能成为牌运的本质要素。

那么人体生物钟与麻将竞技有没有关系呢？有关系：

一是可以帮助麻将爱好者破除迷信——麻将娱乐中围绕着所谓"牌运"迷信很多；

二是可以利用人体生物节律的"高潮期"，以最佳状态去应对"牌势"的复杂局面。

96. 手气与战略战术是什么关系？

打麻将离不开战略、战术，因为麻将是所有游艺项目中最独特、最复杂的，许多主观条件和客观条件交织在一起，错综复杂，变化多端，军事斗争中所有的战略、战术，原则、方法都可以运用到麻将竞技中，因而不讲究战略、战术是很难取胜的。

问题在于，战略、战术是手气的本质"要素"吗？肯定不是。手气是"牌势"发展变化中的偶然性，是客观的；而战略、战术是主观的，是人应对客观"牌势"的变化而设计的制胜原则和应对的方法。

而《竞技》的作者却在书中写道："战术——'牌运'的调节器。"这是错误的，也是不可能的。

"调节"的意思是从数量上或程度上调整，使之适合要求。战略、战术对"牌运"的顺、逆能起到这种作用吗？如果战略、战术能起到这种作用，即"主观"能调节"客观"，我们打麻将的时候，把自己的"牌运"调好一点，把对手的"牌运"调差一点，会是什么局面？会是什么结果？——世界上的一切次序都会乱套！

战略、战术对客观规律不能调节，不能驾驭，不能改造，却可以应对，可以利用，可以顺"势"而为。

在手气顺和手气背时，我们只能调整不同的战略战术。比如在牌运顺畅时，在全局上，只要具备客观条件，就应主动进攻，要有霸气，要有气势，要该出手时要出手，要敢作敢为，敢于争取胜利；比如在牌运堵心时，在全局上，如果缺乏客观条件，就应稳妥、谨慎，以守为主，步步为营，不要贪多求大，切勿逆"势"而取——这种沉静、稳重、积蓄力量的打法，就是高手们说的"养牌"：看似潜入湖底，无声无息，一旦春雷涌动，就会冲天而起⋯⋯

97. 手气与体力精力是什么关系?

平时我们所说的"体力"，是指人体活动时所能付出的力量；"精力"是指一个人的精神和体力。

精力和体力对打麻将的人来说无疑是很重要的。打麻将是竞技体育活动，既是智慧的搏斗，也是精力的较量。打麻将需要高度集中，需要精力充沛和旺盛。一个身体衰弱、精神疲惫、气喘吁吁、思想涣散、没精打采的人进入牌局，一般来说是会败下阵来的，这是毫无疑问的。

我们需要探讨的是：精力和体力与手气是个什么关系呢?

《竞技》一书中明确地说，精力和体力"确实是输牌或牌运不佳的重要因素"，还在书中画出图表强调"体力是否充沛"是"'牌运'的好坏与否"之八大因素中的第一要素，甚至还强调说："我们知道'牌运'的好坏与否取决于八个要素。我们将这八个要素分为基础的、即发挥主导作用的要素和非基础的、发挥辅导作用的要素两类⋯⋯那么，构成'牌运'的'基础'和'主科'是什么呢? 体力、精力、战略、理念应榜上有名。"

把"体力是否充沛"作为"牌运"的"第一要素"就非常让人吃惊了；还要把"八个要素"又分成"基础的"和"非基础的"、"主科"和"副科"的，就更难让人理解了。这是没有科学依据的一种演绎。

"牌运"，仅仅是行牌过程中各种不确定的客观条件交织在一起所表现出来的机遇，有顺、逆、兴、衰之分，有轻、重、长、短之别。牌运中不存在"第一要素"，也不存在"基础的"和"非基础的"划分；即使把这"八个要素"说成是麻将制胜的要素，也很难分出"基础的"和"非基础的"、"主科"和"副科"，因为麻将桌上风云万变，不确定因素太多，只有规律而没有固定的模式——有时这个因素起主导作用，有时那个因素起主导作用。

体力、精力作为决定胜负的要素是可以的，作为"牌运"的要素是不对的，一个是客体，一个是主体，不是一回事；如果体力、精力是手气的"第一要素"的话，那体力强壮、精力充沛的人肯定成为麻将竞技中永恒的冠军——但那就已不是智慧的竞技，而是摔跤的搏斗了。

98．手气与概率是什么关系？

打麻将的朋友，有概率常识和没有概率常识，在牌艺上便有明显的高、底之分，这是毋庸置疑的。

因为麻将是一种数字游戏，打麻将的朋友一定要有概率的知识。现在通常的情况是，大都没有专门学过概率论，而只是在生活中、实践中积累了些有关概率的经验，并把这些经验自觉、不自觉地运用到自己麻将竞技实践中。

概率论或者说"概率事件"是不是"牌运"的因素呢？

《竞技》书中说"牌运"有八大因素（体力、精力、战略、战术、理念、心理、概率事件和生物钟），强调说这八大因素中概率事件"有时甚至是关键的"，"发挥其'独特'的作用"。这就是说，概率论不仅是"牌运"的因素，而且是关键的因素。作者还嫌强调得不够，又列出一个小标题："概率事件——我行我素的'黑马'"。

事实上是这样的吗？肯定不是的。

概率论是数学中的一个分支。正如人们常说的，"数学的性格是严谨"。概率论是从研究博弈问题随机性中的规律而起源的，又随着社会保险业（保险业中的随机性非常突出）的发展而兴旺起来。现在概率论在社会各行各业的运用已经十分广泛。

简单、准确地说，概率是随机现象出现可能性的数量表达；概率论是研究随机现象数量规律的数学分支，是研究"随机事件"规律的学问。最原始、最经典的例子就是掷硬币，正面朝上和背面朝上的概率各是多少？必然事件的概率是 1，掷硬币的概率是 0.5。

概率论要求我们主观上要有科学的思维，要按数学逻辑思维方式，在纷乱的"随机事件"中选择出最佳方案。所以，概率论不可能成为"牌运"的要素，"牌运"只是"牌势"发展变化中的偶然性，这两者之间没有必然联系。

概率论同麻将竞技、同胜负有必然联系。举个简单的例子，拿和牌来说，假定实际能让一把牌和牌的"叫"牌大于 4 张，和牌概率大于 1，得出的必然结果便是：有 4 个"叫"和牌的概率是 1 个"叫"和牌概率的 4 倍——

实际待牌机会有 4 张，和牌概率为 1；

实际待牌机会有 3 张，和牌概率为 0.75；

实际待牌机会有 2 张，和牌概率为 0.5；

实际待牌机会有 1 张，和牌概率为 0.25。

当然，实际待牌机会比这多得多，也复杂得多，但概率的道理是相同的。这类计算是必需的，是牌技的基本功，实用价值很大，是制胜的法宝。

在麻将竞技中要有概率的观念和习惯。行牌过程中有三种概率思考：一是全局各类牌的分布概率；二是对手牌势的概率思考；三是自己胜负的概率思考。这些概率思考由浮动到稳定，由犹豫到肯定，由粗略到准确。这是在麻将竞技中获得主动权的关键。

我们是否可以得出这样的共识：概率不是"牌运"的因素，而是麻将竞技制胜的因素。

99. "牌运"与心理是什么关系?

《竞技》一书中说,心理是"牌运"中的八个因素之一,而且强调说"心理因素——'牌运'顺逆的红绿灯",认为心态好了"至少可以说就奠定了摆脱由心理因素造成的'逆运'的基础了。为自己的竞技胜利开放了绿灯";如果心态不好,"你对自己通往和牌之路亮起了红灯,所谓的'逆运'也就降临了"。

这段论述有问题,其症结在于把主、客观的关系完全搞混淆了。心理活动是主观的;"牌运"顺逆是客观的,"牌运"起伏、兴衰是客观条件的变化促成的,而不是主观可以指挥的;说"心理因素造成的'逆运'"是没有科学依据的,"逆运"是客观条件造成的,与心理因素没有关系。

这段论述强调心态的重要性是对的。好心态可以说是麻将制胜的第一要素,然而强调得过头了、过线了,就不科学了。心态不可能成为"牌运"顺逆的"红绿灯",叫停就得停,叫放行就得放行。这正如辩证唯物论所讲的,"真理是相对的、具体的。真理都有自己适用的条件和范围,如果超出了这些条件和范围,只要向前再迈进一小步,仿佛向同一个方向迈进的一小步,真理便会变成谬误"。

那么"牌运"与心理是个什么关系呢?

首先,在心理上要认识到"牌运"肯定有兴也有衰,同时兴与衰在不间断地转化着,有涨潮也有退潮,时高时低,时涨时退,都是自然趋势,是麻将桌上的常态。手气时好时坏,没有必要大惊小怪。

其次,心理上要沉着冷静,不要烦躁苦恼。仔细想一下,自己的心态是否平稳、技术的发挥有没有毛病,如果这两方面有问题,必须及时采取措施度过低潮期;低潮期打牌要沉稳,要认真,不贪大,不高攀,不冒进,能和即和。

再次，麻将是心理的健身房。对待手气的背逆，不要唉声叹气，不要畏缩不前，也不要躲避逃跑，而要善于鼓励自己，点燃自己心里自信火花。

100. 怎么正确认识主观能动作用？

《竞技》一书中反复强调"牌运"是由体力、精神、战略、战术、理念、心理、概率事件、人体生物钟等八个要素组成的，表达出一个总的观点："牌运""手气""是由综合因素决定的"，"主要在于人本身"。正因为如此，该书在分析"牌运"的时候产生了两个片面性：

一是否定了"牌运"的客观性。

二是夸大了主观能动性的作用。比如"心理因素——'牌运'顺逆的红绿灯""概率事件——我行我素的黑马""战术——'牌运'顺逆的调节器"等等。

也许其主观愿望是好的，是想强调主观能动性的作用。然而这是不科学的，违背了辩证唯物论的最基本的法则。

要正确发挥人的主观能动性，必须正确处理主观能动性和客观规律性的关系。尊重客观规律和发挥主观能动性是辩证统一的。

尊重客观规律是正确发挥主观能动性的前提。只有从客观实际出发，正确认识了客观规律，尊重规律，按规律办事，才能正确地发挥人的主观能动性，卓有成效地改造世界，实现所预期的目的。

认识和利用规律，又必须充分发挥人的主观能性。事物的发展都是有规律的，但规律不会自动反映到人脑中来，只有充分发挥人的主观能动性，反复实践，深入研究，才能把隐藏在事物内部的必然规律揭示出来，才能认识规律。利用规律是理论指导实践的过程，要经过许多中间环节，克服各方面的困难和阻力才能实现，更需要充分发挥人的主观能动性。

夸大尊重客观规律性，否认人的主观能动性，就会陷入形而上学机械论的旋涡，往往表现为"宿命论"；而否认客观规律性，夸大人的主观能动性，也会陷入形而上学的泥坑，往往表现为"精神万能论"。

麻将竞技也是如此。"牌运"像一条奔腾不息的河流，时而潮起时而潮落，时而怒吼时而宁静，时而宽阔时而狭窄，时而倾泻时而回旋，这是客观的；我们主观意识就要认识它、顺应它、研究它、利用它，时而进攻时而退却，时而霸气时而谨慎，时而冒险时而观望，时而"奸诈"时而乖巧，以最终达到目的地——和牌。一切都要从实际出发，都要顺"势"而为。

《竞技》一书的作者还有这样一段论述：这几天"手也特别'好使'，'牌运'出人意料地兴"，于是有经验的麻坛老将这时会对你说"这几天内你若有牌局，千万别错过，肯定还能赢"，"这个'预见'一般来说是'灵验'的"。这时，作者不再强调主观能动性，而强调对"牌运"的依赖性。而这种"灵验"的依赖性也是不科学的。

打麻将的运气，就是参与玩麻将的人都面临的由客观因素交织而成的机遇。但这种机遇具有偶然性、交错性和不确定性；无数的事实反复证明，运气的高潮和低潮是无法预测的。

说到底就是一句话：要在辩证法的制约中，发挥主观能动性；既不要盲目地强调主观能动性，也不要盲目地强调对手气的依赖性。

第四部分

关于休闲麻将改革

休闲麻将占麻将活动总人数的93％左右；长期处于自发状态，各行其是；而且越来越"简单化"，或轻或重被赌博污染……

休闲麻将往哪个方向走，将决定麻将未来的命运。

101. 为什么要分竞技麻将、休闲麻将、赌博麻将？

长期以来，麻将活动的性质是混沌不清的。由此而引发的争论长年累月，连绵不绝；爱麻将的人把麻将说得"完美绝伦"，恨麻将的人把麻将说得"满身疮痍"……双方都是气势昂扬，讲得事实凿凿，语言极端尖刻，各唱各的调，各走各的路，互不让步，互不服气。如果冷静、客观、具体地分析一下，却是爱有爱的道理，恨有恨的理由；双方常常是文不对题，以偏概全。非常遗憾的是，争辩很少触及麻将活动的性质，或者仅仅只有肤浅的、零碎的表述。

依据笔者手头仅有的资料，在北京体育大学博士生导师、著名的体育社会学家卢元镇教授 1996 年所作的广泛调查研究的基础上，根据社会麻将活动的状况，提出了"竞技麻将""休闲麻将""赌博麻将"的概念：

竞技麻将，是以较量技艺高低为目的的麻将活动和比赛；

休闲麻将，是以亲朋邻里娱乐为目的的麻将活动和比赛（政策允许有小量钱物的输赢）。

赌博麻将，是以谋取他人钱财为目的的麻将活动。

这种划分为分清是非、为麻将改革提供了依据；澄清了麻将活动的性质，对麻将的健康发展会产生如下正确的影响：

第一，从此可以比较准确地了解和掌握全国麻将活动的基本情况。依据这个划分，大约在 1998 年前后，国家体育总局有关部门曾对部分省市进行抽样调查，休闲娱乐麻将的人数，占参与麻将活动总人数的 93%；赌博麻将的人数占 5.4%；坚持竞技麻将活动的人数占 1.3%。这个比例至今可能有些小的变化，但"两头小，中间大"是没有变的。这就是我们所面对的基本情况。今后我们研究麻将的任何问题都要从这个现实出发。

第二，分清了性质也就明确了现阶段麻将改革的主要矛盾是文化性与赌博性的矛盾。赌博麻将占 5.4%，这是一个很沉重、很严酷的数字。从实际情况来看，这个 5.4%，有日益扩大的趋势，必须引起高度警惕，而且必须经过自上而下、上下结合的综合治理，才能逐步改善。对我们热爱麻将的人来说，要自觉地抵制、反对、拒绝赌博麻将，必须排除赌博对麻将的扭曲和污染，麻将运动才能健康发展。

第三，分清性质以后才明白麻将改革最困难的"深区水"是引导、变革休闲麻将。休闲麻将占 93%，这是个可怕的"绝大多数"。休闲麻将长期处于自发状态，各行其是，规则五花八门，而且越来越"简单化"，或轻或重被赌博污染……这个 93% 往哪个方向走，将决定麻将未来的命运。

第四，对广大热爱麻将的群众来说，爱恨之间划出了明确的界限。爱，要爱竞技麻将和休闲麻将；恨，要恨赌博麻将。这样的区分容易找到共同语言，避免了过去你唱你的调，我吹我的号，"猪肉狗肉一锅煮"的乱象开始慢慢的得到厘清。

第五，国家体育总局社会体育指导中心，1998 年在其《中国麻将竞赛规则》前言中写道："我们收到了来自全国各地的广大群众的大量来信，绝大多数来信积极支持我们对麻将进行改革，这使我们对于完成'提倡竞技麻将、引导休闲麻将、反对赌博麻将，使麻将运动走上健康发展的轨道'的任务充满信心。"

从这段话中我们体会到，提倡竞技麻将、引导休闲麻将、反对赌博麻将，实际上已经成为麻将改革的使命。

对麻将运动应当采取辩证唯物主义的态度，既不能不加筛选和比较，全盘接纳；也不能无视现实，不加分析地一律加以排斥。

102. 对成都麻将的忧虑是什么？

目前成都麻将的模式，是随着社会改革开放的发展而逐步形成的——其最初基本上是恢复老式麻将；不久又流行"推倒和"；经过二三十年时间，演变成为具有血战到底、点炮承包、"刮风下雨"等特色的"成都模式"。

这种模式目前处于相对稳定状态。成都大多数麻将爱好者都是玩这种休闲麻将。对其的忧虑主要是：

一是成都麻将存在的不良倾向。

这种约定俗成的规则，大家已经习以为常了；而习以为常容易产生"习焉不察"的堕性，容易滋长"不思进取"的守旧情绪。

如果我们冷静思考一下，确实可以看到这种模式中有不少与社会文明不和谐的地方、违背麻将本质的不良倾向。这个不良倾向的主要表现是：成都麻将的规则长期地、连续地向"偶然性"倾斜；换句话说，就是不断地排挤麻将中的技艺成分、文化内涵，不断地增加"运气"的成分。

成都麻将"血战到底"的规则中有一条"硬缺"，这本身就是一个缺陷，砍掉了老麻将中三分之一的番种，大幅度增加了偶然性；后来，又广泛流行"定张"，极大地约束了智慧的创造力和机动灵活的技巧，再次砍掉技艺因素，增加偶然性因素；此外，又施行"刮风、下雨"；接着又增加了"自摸加一分"的规则……连续不断地增加偶然性成分，不断挤掉麻将中技艺的活力。

更有甚者，成都周边县区流行"缺、断、根"的规则——筒、条、万三类牌去掉万字，每人每盘只取 10 张牌。这种打法已经把麻将推到赌博的边缘。

麻友开玩笑说，成都麻将"像个没有管教的孩子，十分任性，想到哪儿玩就到哪儿玩，想怎么玩儿就怎么玩儿"。其实何止成都麻将，各地的休闲麻将大体上都处于自兴、自衰的自发状态，而在自发状态中产生不良倾向就不是什么奇怪的事情了。据专家计算，眼下成都麻将的胜负，基本上百分之七八十是靠运气，什么战略战术、什么行牌技艺，都被抛到狭窄的墙角了或者马放南山、刀枪入库了或者被扼杀掉了。

这就是成都麻将存在的不良倾向，不是危言耸听，而是已经摆在我们面前的现实。

二是应全面认识"偶然性"。

这就很有必要来讨论一下，我们应当怎样认识麻将中"偶然性"的问题。

　　第一，偶然性并不是什么可怕的东西，也不是从天上掉下来的怪物，而是客观普遍存在的生活"原态"。这就是哲学中必然性与偶然性的规律。任何事物、过程都具有必然性与偶然性这双重属性，有必然性就有偶然性；必然性是由事物的本质决定的，总是通过偶然性表现出来的。没有什么神秘，我们打麻将所说的"手气""牌运"，就是在行牌过程中因各种客观因素交织在一起而演变出来的各种各样的机遇。

　　第二，在几乎所有的竞技体育项目中都存在偶然性，只是由于各自的比赛规则不同、各自的制约条件不同，存在偶然性的比重也就不同，有的多一些，有的少一些；而且，偶然性表现形式也是不同的，比如各类比赛开始前的分组抽签就是运气，弱队抽到"死亡之组"那就算倒霉了。我们看比赛，乒乓球那些擦边球就是"运气球"；羽毛球比赛出现的"滚网球"也是"运气球"；足球比赛中一个球射歪了，恰恰打到某球员的腿上而折向弹进球门去了，这就是偶然性起的作用，也叫"运气球"。需要看到的是，麻将中的偶然性明显要比其他竞技项目要多得多。

　　第三，各种竞技项目中存在的偶然性，都是这些项目本身的一种属性，其表现形式是多种多样的；发挥的效能也是多种多样的，个别时候有颠覆胜负的作用，甚至能在瞬间把"绝境"变成"坦途"，或者把"坦途"变成"绝境"。这种偶然性产生的悬念性、观赏性、趣味性，能激起参与者与观赏者的极大的兴趣。这一点也是不能轻视和忽略的。

　　第四，竞技体育项目是以竞技为主的，偶然因素不能占据主体位置；否则一旦占据主体位置就不是竞技体育项目了，其结果必然出现异化，改变事物的性质。偶然性也是麻将的一种属性，同样不能占据主体位置；技艺性为主是麻将的本质，而以侥幸为主是麻将的异化。在任何情况下都不能把偶然性扩大化，更不能用规则增加偶然因素。成都麻将正在陷入这种困境，偶然性因素过多，不仅伤害麻将的本性和牌理，而且对人的心理影响也是很大的，使一部分人养成依靠运气的习惯，认为打麻将可以不下功夫去研究战略战术、科学方法、各种技巧，只要手气好，天上就会掉下来一个大馅饼；如果任其发展，必然助长人的赌博心理和贪婪的欲望，一步一步地滑向赌博麻将。

在任何时候都要旗帜鲜明地反对赌博麻将。赌博麻将蹂躏麻将文化的精华，败坏麻将的社会声誉，给社会带来极大的危害。

三是我们面临着一个严肃课题。

成都麻将里存在着一个严肃的课题让人忧虑，但麻友们对其的认识却是参差不齐的。

有人主张打麻将的规则"越简单越好"。这种看法是不妥当的。我们平时说的"简单"，是指结构单纯，头绪少，容易理解、使用或处理的意思。然而"简单"都是围绕着各自的原则和目的进行取舍的，绝不是想怎么简单就怎么简单。我们的原则和目的是什么呢？总体而言，是提倡竞技麻将，引导休闲麻将，反对赌博麻将。有利于此，想怎么"简单"都可以；而若有害于此，还是复杂点好。

有人主张打麻将"要提倡自由、个人选择，不要去干预"。这种看法对个人行为而言，无疑是正确的，但若用来研究社会文化的演变，推动麻将运动的进步，就不妥当了。对麻将娱乐中存在的异化现象，要热心关注，要善于引导，要积极干预。凡是热爱麻将文化的人，都应当有这种社会责任感。

还有人认为，"成千上万的人在打成都麻将，天王老子来了也改变不了"。是的，改变打法，改变规则，改变群众习惯是件非常困难的事情，但要知道，任何困难的事情是否能够改变，关键要看这件事情是顺人心还是背人心；顺人心，再难也能做成。要相信，绝大多数热爱麻将的人都愿意麻将健康地发展，而不愿意看到麻将的堕落。有了这一点，我们就应当有信心。

常识告诉我们，自然规律是进化的，"物新则壮，旧则老；新则鲜，旧则腐；新则活，旧则板；新则通，旧则滞"。不管你乐意不乐意，顺应规律就能生存，拒绝就必然被淘汰。阻力大点也没关系，有兴必有废，有盛必有衰，进化的趋势是改变不了的，无非是时间长一些，反复多一些……

四是成都麻将已经走到一个十字路口，需要选择。

成都的麻将爱好者应当以如下创新的精神来思考成都麻将的发展问题：

一要广泛宣传由国家体育总局 1998 年制定的《中国麻将竞赛规则》。这个《规则》是由社会学、体育学、体育运动管理学等多学科专家在多次调研、讨论的基础上制定出来的，按照现代体育运动规范了竞赛过程，尽可能体现了科学性以减少偶然性的影响，也体现了健康性的指导思想。凡是热爱麻将的人都要从中汲取滋养，提高自己对麻将文化的认识。

二要围绕增加技艺性、减少偶然性原则，开展讨论，先把是非弄清楚。没有共识是寸步难行的。这是一个很大的、绕不过去的难题。

三要制定出一个新的"成都麻将规则"。在尊重成都麻将"血战到底"的基础上，经过大家讨论，增加一些技艺性的番种，去掉一些偶然性的番种。

四要组织志愿者试行新规则，组织各类比赛推广新规则，以点带面，逐步推广。

五要建立合理的、有效的激励制度。

103. 怎么认识麻将规则的现状？

麻将规则是供大家共同遵守的制度和章程。

世界上所有的游艺品类都有自己的规则，有了规则才能生存，才有规范，才会发展；所有规则都既是相对稳定的，又都处在变化之中。

麻将的规则也是经过漫长历史的变化，一步一步走到今天的。今天的麻将规则可以说是林林总总、门类众多。

国家体育总局 1998 年 7 月制定了一个《中国麻将竞赛规则》，是一个比较完整，比较科学，比较合理的规则，其突出的特色有三点：一是体现了健康性的指导思想；二是按照现代体育运动规范了竞赛过程；三是尽可能体现了科学性、以减少偶然性对运动员的影响。毫无疑问，这个《规则》对全国的麻将活动有指导、示范的作用。

中国这么大，人口这么多，各地流传下来的麻将规则，都带有各自的色彩和习惯，具有很重的地方特色，因而要在全国推广一种统一的规则，肯定需要一个漫长的过程；而且，只能推广，只能引导，不能强迫，也不能排斥。

其实，就麻将这个游艺品类来说，规则繁多是其富有旺盛生命力的表现。各地的规则都具有各自的特点、各自的长处和缺陷，在麻将发展中，各地必然会互相磨合、互相补充、互相融化，以完善各自的规则，故有些在创新、在发展，有些则在衰竭、在消亡，这是规律性的现象。总体而言，只要沿着鼓励竞技麻将、引导休闲麻将、反对赌博麻将的趋势向前走，前景肯定是宽阔的。

就成都地区的麻将规则而言，也是种类众多、并行不悖的，有的玩竞技麻将，有的玩"血战到底"；"血战到底"中，又有"定张""不定张"两大类，还有的玩"天地血流成河"等等，非常自由，想玩什么就玩什么。目前存在的最大问题，一是缺乏规则意识，二是对偶然性过多所带来的后果认识不足。比如自觉不自觉地不遵守规则的现象比比皆是：不按秩序，抢先取牌；说碰不碰，反复悔牌；明知故犯，窥视墙牌；交头接耳，互通信息；输了赖账，拖欠筹码，等等。这些行为，往往会制造矛盾，引起争执，破坏娱乐的愉悦氛围。

规则一旦约定俗成，都要遵守。遵守游戏规则，是对公平的尊重，对他人的尊重，也是对自己的尊重，也能体现出一个人的素养。

在麻将规则变革的过程中，会不断地增加新的规则。新增加的规则是好还是不好，怎么去识别呢？我以为这里有个最重要的原则：

凡是增加竞技、战术、技能性的规则，就是好规则，是前进的规则；凡是增加了偶然性的规则，就是不好的规则，是后退的规则。

因此，坚持前者，麻将的前景是宽阔、明亮的；坚持后者，麻将的前景是狭窄、暗淡的。

麻将规则要体现出教养和智慧，要体现出公平和规范，要体现出道德和境界；只有这样，我们的麻将娱乐活动，才能健康、文明、科学地向前发展。

104. 怎样理解"麻将要向智慧致敬"？

麻将的规则历来都不是凝固不变的，而是不断变革的。我们衡量麻将规则变革的好坏、长短、得失，有没有一个标准呢？有的。我们麻将改革的要领，简要地说就是二十个字：

提倡文化性，反对赌博性。增强技艺性，减少偶然性。

麻将规则只有朝着智慧倾斜，增加技能、技巧方面的规则，才有利于培养综合分析判断能力，激发人的智慧，满足战略、谋略的思考，可以达到怡情益智的目的。

说麻将是中华民族传统文化的一部分，这不是一句空泛的话语，而是有着实实在在的内容。盛琦教授说得很全面，他说"麻将以其具有源远流长的历史性、深邃鲜明的民族性、凝重广博的文化性、包罗万象的涵盖性、变幻莫测的技艺性、斗志斗勇的拼搏性、民俗积淀的浓郁性、奥妙无穷的趣味性、优化修养的气质性和健身益脑的实效性等诸多特点和优势……是一项全新的科学研究专业学科"。我们从盛琦教授概括的"十个性"中，可以看到麻将涵盖内容的厚重和丰富，可以发现我们对麻将的认识和理解是多么肤浅！

麻将是一种高智商的娱乐，可以启发、挖掘人的聪明智慧，可以培养科学的思想方法；麻将应当朝技艺性方向发展——麻将，向智慧致敬！

105. "血战到底"的基本含义是什么?

多数成都人玩麻将,打"血战到底"。"血战到底"的基本含义是什么,就见仁见智了。

"血战到底"的基本含义,大体说就是指"对成都目前约定俗成规则(包括去掉字牌、硬缺、不以风连庄等等)的一种简单的概括";这套规则有两个要点:一是承包制;二是一盘牌要打到最后,即四家都有一个明白的输赢。这两条是改革地方约定俗成规则的一种创新。

成都改革开放初期,商品意识和等价交换原则深入人心,社会上各行各业最大的进步就是打破大锅饭。在这种情势下,成都麻将改变了过去不点炮也要跟着付筹码的规则,推广承包制,一炮一响、一炮双响、一炮三响,都由点炮者付筹码。承包制为"血战到底"开辟了道路。过去老麻将的规则是,只要有一人和牌,一盘牌立即就宣告结束。"血战到底"则规定:有一人和牌走了,其余三人继续"血战";又一人和牌走了,剩下两人继续"血战",直到最后每个人都有一个明明白白的输赢。这既提高了效率,又满足了牌相好者做大牌的要求。因此,"血战到底"就成了成都地区(乃至而今的整个川渝地区)麻将活动的主流打法。

以上就是"血战到底"中"到底"两个字的基本含义。

为什么叫"血战"呢?一般来说,我们经常用"血"来比喻刚强和热烈。"血战"是指非常激烈的搏斗或是指殊死的战斗;用在麻将竞技中,仅仅是说明目前成都麻将规则与过去的规则相比较,竞争更加激烈、更有悬念、更富吸引力……

但是,怎样认识这个"基本含义",有些不同的认识。有的朋友不了解"血战到底"的基本含义,疑惑成都麻将规则中怎么钻出来一个"血战到底"?说"只有竞技麻将是国粹,其他的都是不算数的"。在这类朋友看来,"血战到底"是一种不规范的"另类",是一种"不合格"的打法,故有点瞧不起、看不惯。

这就提出一个值得研究的问题：怎么看待各地约定俗成的、具有地方特色的麻将规则？

我国休闲麻将的人数，占参与麻将活动总人数的93%。这是个可怕的"绝大多数"，其长期处于自发状态，各自为政，各行其是，规则五花八门，而且越来越"简单化"，或轻或重被赌博污染……这个93%往哪个方向走，将决定麻将未来的命运。我们的愿望当然是全面推广国家体育总局所制定的《中国麻将竞赛规则》，但需要一个漫长的过程，这是不能速成的，也是不能包办的。故只能在尊重地方麻将的特色、肯定各地的创新精神的前提下，不断地积累正能量，才能创造出麻将的未来。

还有一种过于偏执的说法和做法：强调所谓"血战到底"就是"要刺激！要拼杀得血浸浸的！不出血，能叫'血战到底'吗……"一句话，就是要"出血"，"出血"就是出钱！于是，另一个极端的问题就出来了：如果是政策所允许的"少量""出血"属于休闲麻将，那么现实生活中麻将的"出血"、形形色色的"刺激"就说不清楚了——有些是小赌，有些是大赌；任其发展下去，"血战到底"必将异化为赌博麻将，那后果就不堪设想了。这是我们最大的忧虑，也是最不愿意看到的事情！

这两个"极端"都是很危险的。

106. 打"定张"的理由是什么？

近几年成都麻将时兴"定张"，似乎成了成都麻将固定的规则。热衷"定张"的朋友理由很多，主要有三条，而在笔者看来这三条都是可以商榷的。

第一条理由是"不打定张，变来变去不舒服"。

这就不对了，麻将这种娱乐的最大特色就是变化无穷。没有变化怎么算得上是智力竞技项目呢？所谓"智力游戏"，是指参与者认识、理解客观事物并运用知识、经验等来解决问题的竞技游艺活动，其中包括记忆、观察、想象、思考、判断等等。打麻将一定要有竞技状态，也就是要在身体素质、心理素质、技术、战术等方面表现出积极的状态；所有这一切都围绕着"牌势"的变化而进行，同时迸发出你的聪明才智。所以说麻将是高智商的娱乐。"牌势"变幻，要求你"高智商"地投入，同时又磨练你的直觉观察判断能力，增加智慧。

所以，"变来变去"正是麻将的特色，是好事情，而不是坏事情；而且只有"变来变去"，才能享受到竞技中的乐趣——在行牌过程中，就是要以自己的才智去认识"变来变去"，应对"变来变去"，驾驭"变来变去"，甚至征服"变来变去"，只有如此才能感受到麻将带来的快乐，也可以这样说"变来变去"是酿出乐趣的源泉。

第二条理由是"大家的马儿大家骑"。

这句谚语的意思，是众人的东西，众人享用；对打麻将来说，是大家的规矩，大家遵守，至于"定张"是优是劣、利弊咋样统统不要管，只要大家认可就行了，输也好赢也好都认了。有这类想法的人比较多。

这种看法对个人行为而言是可以的，因为打麻将仅仅是一种游戏，玩一玩、乐一乐就过去了；但如果热爱麻将文化，关心麻将的健康，关心麻将的发展和未来，关心社会文化对人民福祉的影响，那么这种说法就有点"事不关己，高高挂起"的味道，还有点只知道"骑马"不知道"喂马"的味道！

笔者认为"定张"是一种落后的规则：

一是违背了麻将的本质要求，压缩了技艺性，增加了偶然性；

二是使麻将规则更简单，限制了变化，加大了"碰大运"的成分；

三是助长了赌博心态，把麻将规则引进有赌博倾向的狭窄的胡同。如此下去，大家骑的"马儿"很可能累倒、病倒，不可能长期跑下去。

第三个理由是"大伙习惯了"。

这仿佛不是一个喜欢"定张"的理由，但却是个很重要的理由。我们都知道，习惯是个很值得琢磨的东西——我们在"习惯"之前，要思考一下：我的这个习惯，是个好习惯，还是一个不太好的习惯？在我们生活中，有些丑陋的习惯，往往是戴着面具的，让人看不清楚其真实的面孔。

过去有句名言："习惯成自然是个魔术师。它对美丽的东西是残酷的，但是对丑陋的东西却是仁慈的。"汉代扬雄曾经说："习乎习，以习非之胜是，况习是之胜非乎？"意思是说习惯于某些错误的事情，反误为是正确的了。说得多么精辟啊！

我们还要知道"习与性成"的道理：有什么样的思想，就有什么样的行为；有什么样的行为，就有什么样的习惯；有什么样的习惯，就有什么样的性格；有什么样的性格，就有什么样的命运……因而在打麻将的时候，要有意识地改掉不好的习惯，培养良好的习惯。

107. 打"定张"是一种流派吗？

在成都休闲麻将中，打"定张"的人比较多，而对这种打法的议论也比较多，有些人力挺，有些人厌弃；有些人不喜欢，由于找不到"搭子"，只好将就跟着玩……

有位挚友喜欢打"定张"，而且提出了一个观点："打'定张'是一种流派！应当允许存在。四个人相约打牌，打不打'定张'，他们约定就行了，别人无须去干预。"

这里讨论一下：打"定张"是一种流派吗？

平时所说的"流派"，是指学术思想或文艺创作方面的派别。是不是"流派"，这顶帽子不是随便戴的，比如学术流派的形成，在一般情况下，应当具备以下条件：

一是必须有学术上的代表人；

二是必须有一群学术上的拥戴者和传播者；

三是必须有反映代表人物独树一帜的学术内容的著作；

四是必须有相当的学术影响力；

五是必须有形成学术流派后所产生并获得公认的派名。

这样看来，成都休闲麻将中的"定张"是一种流派吗？肯定不是——打"定张"仅仅是一种地方麻将约定俗成的打法，而且这种打法的缺陷是很明显的；打"定张"没有任何学术思想，与学术流派是不挨边的。

不要说地方麻将，就全国而言，在麻将文化研究领域有没有流派，还值得研究。一般来说，学术流派的形成是一个学科蓬勃发展的景象，甚至是学术成熟的一个标志。麻将无疑是一笔珍贵的文化遗产；但麻将的发展却一直处于自发、自在、自变的状态，其学术上的探讨虽也不少，却长期散落于民间。再说，由于赌博的污染和扭曲，麻将活动长期处于被打压、被排挤、被歧视的地位，因而有人说麻将是一种流落江湖的草根文化；在这种生态环境中，各地的麻将基本上都是休闲麻将，其约定俗成的规则五花八门，各行其是，雅俗并存，良莠混杂，因此要产生学术流派几乎是不可能的。

我个人认为，也只有到了1998年，在国家体育总局关心、指导下，麻将文化出现一个短暂的春暖花开的季节，其学术思想才活跃起来，而且产生了一部《中国麻将竞赛规则》。在这个背景下，我国麻将文化研究领域称得上创立了学术思想流派的可能只有天津的盛琦教授。盛琦教授的理论著作丰厚，对麻将文化的掘进和概括，对牌理、牌性的剖析，对麻将运动的规范，对竞技麻将的倡导，都具有开拓性的意义。但非常遗憾的是，后来不知道什么原因，我国最能体现麻将文化的主流意识，却得不到应有的重视和扶持，以致缺乏"顶层设计"，缺乏政策指导，发展步履比较艰难，没有形成多种学术流派、百家争鸣的盛况。

再回到"定张"上来。在成都，到目前为止，对"定张"的打法，既没有人去干预，也没有人去禁止，更没有人敢去否定它的存在，而只有讨论和评说；这种讨论和评说，不是去干预打"定张"的自由，仅仅是说明一个道理："定张"的打法是违背麻将改革方向的。

麻将改革的方向，简略地说是二十个字：提倡文化性，反对赌博性；增加技艺性，减少偶然性。对麻将改革和发展来说，必须旗帜鲜明地指出

"定张"的缺陷，这是一个是非问题，也是一种责任。

108. 怎样认识"定张"的缺陷及其后果？

"定张"是成都麻将约定俗成的一种打法，就是取得 13 张手牌后，每人先扣出一张牌，然后依次翻开，各人的或是条或是筒或是万字，这张牌就是每人这盘牌必须"硬缺"的花色。

"定张"的缺陷是很明显的：

第一，损害了麻将的完整性和丰富性。麻将的结构是很完整的，包含着的丰富文化底蕴。筒、条、万有各自的文化内容，是"三分鼎足，连横合纵"的关系；如果断其一足，是很不合理的！

第二，成都麻将 108 张牌，"定张"使三分之一牌张的竞技功能与价值被限制或取消了。这 36 张牌的番种是很多的，其功能与价值也是很丰富的，被限制或取消后，智力竞技就变得很苍白了。

第三，"定张"极大地束缚了应变能力的发挥，大幅度增加了偶然性因素。成都麻将规则中的偶然性因素本来就够多了（由"硬缺""刮风下雨""自摸加分"等番种带来的，有些地方还有"擦挂"和"买码"），使成都麻将基本上变成了"比手气"的游戏。

这是成都麻将所面临的最大的课题。谁都看得明白，这样一来，凸显出来两个问题：竞技性越来越简单了；侥幸性越来越增多了。对这两个问题任其发展，视若无睹，必然会给麻友在心理上产生消极影响：

一是认为研究牌性、牌理是不必要的；研究战略、战术、各种技艺也是不必要的；更用不着下功夫去学习麻将文化的丰富内涵，会认为这些都是"没有用的""不着边际的空话"，轻易地便抛弃了麻将的文化性。

二是追求简单化，迷恋运气：把许多有文化底蕴、有技艺含量的番种，说成是"太复杂""群众不喜欢"而随意删去，认为只有运气能"解决问题"，能"扭转乾坤"，甚至崇尚运气到了迷信的程度。这类在成都棋牌室里迷信的表现，随时可以看见。

可见，这两个问题产生的消极影响，就是正在滋长的赌博心态和赌博倾向。1999年10月盛绮教授对日本麻将界专家讲过这样一段话："这种不合理的偶然性因素的作用和不良的刺激性正是嗜赌者所追求、所崇尚的'牌运'和'手气'，他们打麻将的最大心愿是越快越多越简便巧取豪夺别人的财富，反对有复杂而公平的技艺性较量。"这段话分析得非常深刻。多数有理智的人，比较清醒；而少数意志薄弱的人则在不经意间就滑过去了，掉进赌博的泥潭而不能自拔，造成许多社会悲剧——这些都是新闻媒体经常报导过的事实，我们身边也常会有这类情况正在发生。但有些麻友却说，如果把"定张"引伸到助长赌博未免太勉强——其意思是"定张"的缺陷所产生的消极思想是不会出问题的，是人为的"引伸"，是上纲上线。

当然，不能说"定张"就是赌博，也不能简单地说"定张"助长赌博，但是，不合理的简单化、偶然性和侥幸性，任其长期存在发展下去，必然产生赌博倾向和赌博心理，因为少数"昏沉"的人是会财迷心窍的，是会陷入赌博泥潭的。

我们要警钟长鸣，而不能以似是而非的、站不住脚的说法，让人们放松警惕，失去防范；我们反对赌博不能空喊口号，要从实际出发，要治理源头，要堵塞一切滋生赌博倾向的渠道。

109. 为什么说"变化是麻将之魂"？

打"定张"最明显的缺陷是限制了108张牌中36张的功能，或者说是限制了三分之一张牌的变化力。

而打"定张"的麻友却说："变来变去有什么意思？""变来变去记不住，不安逸！"一句话，他们好像从心里厌烦"变化"。这是不好的习惯，也是对麻将本质缺乏了解的一种表现。

其实我们只要简单思考一下就会明白，我们的生活处处皆在变化，变化就是生活；变化是生命的法则，谁也无法避免，无法抗拒。可以这么说：世间万物，变乃奇术！

　　这是唯物辩证的思维方式。在生活中每个人的生活能力、生活质量、生活构想，都取决于你对变化的识知和把握。所以我们要自觉地适应变化，驾驭变化，而不是回避、厌弃变化。

　　麻将是一种什么游戏？简单地说就是变化的游戏，就是随机应变的游戏。从取得第一张牌到一盘牌的结束，都在变化：取一张牌，舍一张牌，不断调整、组合、完善牌相的过程都是变化的过程，可以说变化无时不在、无处不在。当然变化有正面的也有负面的，有激烈的也有和缓的；也有相对"不变"的，但变化是绝对的。不管变化的形态多么复杂，对麻将竞技来说，都是机遇。

　　麻将竞技的变化非常复杂，跌宕起伏，云谲波诡，纷繁零乱，让人应接不暇。既有正面的变化，也有负面的变化；换言之，有前进的变化也有退后的变化，既有主动的变化也有被动的变化，也就是说有进攻的变化也有防守的变化。

　　这些变化归纳起来就是"势"的变化和"时"的变化。这些变化都是主、客观因素互相影响、互相制约、互相推动的结果；客观的变化背后都是有规律可循的，就我们主观而言，基本规律就是"顺势而变，应时而为"。可以说，变化是麻将竞技之魂。

　　有变化才有兴趣。在竞技变化中会不断产生期求的欲望，而这种欲望是智慧绽放出来的花朵，会使你产生罕见的满足和快感。

　　有变化才能激发出你智慧的潜力。每个人都有智慧且都极具潜力，麻将是最好的能激活智慧潜力的环境和平台。在游戏竞技中展现你驾驭变化的能力，展现你机智、敏捷、圆通、缜密的才能。

　　有变化才能磨砺你的思维方式。麻将之绝妙在于在行牌过程中，时时处处要求你的思维方式不能脱离实际，不能主观片面，不能偏激随意，否则就让你输得头破血流。只能唯物辩证地展现智慧，才能得到硕果累累的奖赏。

所以，在麻将竞技中应当喜爱变化，而不应当拒绝变化。

110. 为什么要反对"擦挂"？

什么叫"擦挂"？

麻将约定俗成规则上的"擦挂"，简要地说，就是指一方打出一张牌，有人"下雨"（即开明杠），这时除了出牌一家付两个筹码外，其他两家也必须随之各付出一个筹码。

这是很不合理的。麻将游戏之所以受到大众的喜爱，是具有公平、平等、自由的特征。而实行"擦挂"，撞祸的人理应赔偿，而没有撞祸的人也必须跟着赔偿，这就不公平了。

成都麻将在变革中实行承包制，是一个很大的进步，有人说这是四川麻将史上精彩的篇章。而"擦挂"对承包制来说却是一种倒退。

麻将的改革，其中重要的一条内容是"增加技艺性，减少偶然性"。"擦挂"没有任何技艺性，只有偶然性。不知道在什么时段、什么地方，别人出错，自己无缘无故被"擦"一下、"挂"一下，还得"出血"。在改革的潮流中，"擦挂"应属当被淘汰的打法。

有朋友说实行"擦挂"有趣味。趣味是有高、低之分的，高级趣味是健康、雅致、增加知识、修身养性的趣味，低级趣味是庸俗、落后、迷信、破坏公平信誉的趣味。而"擦挂"是一种被人绑架的做法，是一种被"株连九族"的伤害，能产生什么兴趣？

111.　为什么要反对"买码"？

什么叫"买码"？简要地说，是指四人打牌，各取 13 张手牌以后，旁观的一两位局外人在牌墙上任意取一张或两张牌，然后随着该牌张所对应牌手的输赢而输赢。

"码"，是指牌码，也有人叫"买马"，比如说"你买了几匹马"？"码"也好，"马"也好，在这里都是一个数量的概念。

"买码"有两种：

一是买明码，局外人取牌一张、二张或三张，且指明是买哪一家的码，他就跟着这家输赢而输赢；若买一张码，随着这家等值输赢，若买两张码则增加一倍，以此类推。

买明码，一般是看谁手气好，就买谁的码。

二是买暗码。每盘开始定庄后，局外人从牌墙后面取牌一张、二张或三张，藏于手中；一盘牌结束时，才亮出所买码的牌，买码人从庄家开始对码，买到谁家的码就随谁家的输赢而输赢。

有人说买暗码更具有刺激性和戏剧性。

其实，"买码"的弊端是很多的：

第一，众所周知，麻将的改革就是"提倡文化性，反对赌博性。增加技艺性，减少偶然性"。这既是麻将发展的路线图，也是我们识别麻将规则是非的标准。"买码"没有任何技艺性，是百分之百依靠运气来输赢。这实际上就是赌博中的一种"押宝"，押对就赢，押错就输。这就背离了麻将改革的方向。

第二，骚扰正常的行牌秩序。四个人的游戏有四个人的规距和规则；而局外人进来"买码"，他们只关心自己的输赢，走来走去，说三道四，甚至以各种方式传递信息，这无疑是对行牌的一种骚扰、一种犯规的行为。

麻将制胜的金钥匙

第三，使输赢的筹码成倍上翻。本来是"少量"输赢的娱乐，而买码的人可以随意买码，使输赢的筹码成倍上翻，使"少量"失去控制，使娱乐演变成赌博的倾向。

第四，由于大家不知道"买暗码"所买走的是什么牌，这就使每位牌手对"牌势"的分析、对概率的判断都失去了准确性。比如我做暗七对，在正常情况下，可以推算出来什么牌还有几张、什么牌已经没有了，但如果有人"买码"，那就很难推算了。

所以"买码"是背离麻将改革方向的打法，是与麻将科学发展的趋势背道而驰的，同时也是助长赌博倾向的行为，应当拒绝！

112. 听说日本麻将馆要发"认定证"？

在日本麻将馆叫"麻雀馆"。

（插图 8）

张俭老师从日本带回来的一张"认定证"——这是由日本一家麻雀馆印制的，其"认定"一位叫川岛米子的妇女 2013 年 9 月 1 日在这家麻雀馆赢了一把"四暗刻"，也就是我们所常说的"十八学士"，也叫"十八罗汉"；在这份"认定证"上，还有日本健康麻将协会组织主管人员的签名，挺慎重的。

这张"认定证"让人感到惊讶！我们身边有许多打麻将的场所，可能谁也想不到会有这种"认定证"。

这张"认定证"像个小小的窗口，让人看到海外麻将活动还有一片五彩缤纷的天空。

据说在日本麻雀馆活动，你若有精彩的牌局，往往会被颁给一份"认定证"。这是一种肯定和鼓励，可以留作永久的记忆和纪念，也是一种美好的快乐和享受。

我们在成都茶楼棋牌室打完麻将，都是付费以后便拍屁股走人；人一走茶就凉，你是你，我是我，各不相干。而在日本麻雀馆活动，牌局结束以后，还要保留一张您当天的胜负分数登记表以留作档案；分数积累到一定时候，可以得奖、晋级，还可以取得高一级规模的参赛资格。这种规范的、立体式的运作方法，这种激励进步的机制，是值得参考、借鉴和学习的。

从这张"认定证"上，可以看到我们的差距，也可以给我们一种感悟：一个地区的麻将活动不能在自发的层次上像蜗牛般慢慢爬行，不能满足于自由散漫、不遵守规则、抱残守缺的状况而还自我感觉又特别良好，这样走下去是不行的……

要进步，要发展，要提高文化档次，必须有一套科学的顶层设计，有一套自己的、规范的方案，有一套激励机制；只有这样，才能促进麻将活动的改革和发展。

很喜爱这份"认定证"，还有川岛米子女士脸上那满足的微笑……

113. 麻将圈里有几种心理类型?

俗话说"人上一百,形形色色"。由于每个人的阅历不同,修养参差,习惯各异,在麻将竞技这种特殊的环境中,每个人都会自然而然地或不知不觉地表现出不同的心理状态。这些心理状态,大体上有以下类型:

稳健儒雅型。他们衣著整洁,礼貌恭顺,言行温文尔雅;守时诚信,宽以待人,严以律己;遵守规则,对待输赢顺其自然,处之泰然。

这些麻友人缘好,朋友多,相处大量大度。他们很会享受由竞技带来的愉悦,几乎没有输赢的烦恼。

谨小慎微型。他们对琐细的事情过分在意;行牌过程中前怕狼后怕虎,畏缩犹豫,左右摇摆,"踩着石头"也不敢"过河";缺乏"以我为主"的意识,打麻将一味"追熟",别人打什么牌他也跟着打什么牌。

这些朋友应当心胸开阔,增强自信心。因为打麻将视野要宽广,要总揽全局,要有胆略,要用智谋,过分谨小慎微肯定是要落败的。

好为人师型。也有人说他们是"教师爷型"。他们在麻将桌上居高临下,高谈阔论:每和一盘牌,输也好,赢也好,都要自以为是地评论一番,以"露才"扬己;同时也训示别人,随意指责别人"幼稚""可笑""臭打";在行牌过程中,他和牌之后,又违规对上下家指手画脚,既当运动员又当裁判员。

平等待人。这类自以为是的评说,是一种干扰,也是一种噪音。这些朋友应当学习一下在共公场所、在竞技比赛场所要遵守的基本的行为规范,要尊重朋友;要遵守规则,敬畏规则,要有自觉的约束自己的意识。

唠叨埋怨型。这类麻友多是年龄略大的女同胞,一开始打牌就不停地唠叨,说新闻、说家事、说子女、说邻里、说物价、说社保、说纠纷、说偷情、说时装……什么话题都说得津津有味,都有倾吐不完的埋怨和牢骚。

这类麻友不懂得公共场所都有约束自己的义务，都要尊重他人，至少不要防碍他人。防碍他人是没有礼貌、缺乏修养的表现。打麻将是智力竞技，更要安静，不要违规。如果是病态性的唠叨、神经性的唠叨，要规劝她们到医院进行治疗。

自由散漫型。这类麻友在麻将娱乐中，随意迟到早退，缺乏礼教，谈吐粗俗，一边抽烟一边说荤段子；或者不停地嗑瓜籽，烟灰和瓜籽皮遍地飘洒……

这类麻友不多，但很煞风景，顷刻间就会使高级智力活动变得低俗不堪。打麻将要文明，要儒雅，要有一个现代公民所应有的基本道德约束。

唯赌输赢型：这类麻友嘴上说是"麻将娱乐"，而心里追求的就是输赢，说其"赌博"恐又言过其实，只能说其是以赌输赢的心态在娱乐：赢了牌就趾高气扬，喜笑颜开，"噻话"连篇；输了牌就一脸怒气，怨天尤人，口吐粗话，甚至言行失态，变成一个陌生人……

麻将是传统的文化遗产，内容非常丰富，在娱乐中可以领悟历史文化的精美，可以懂得许多生活中待人处事的道理，可以磨砺科学的思维方式；而如果仅仅去追求输赢，那就本末倒置了。

这是麻将桌上心理状态的粗略的分类。我们做了一个小范围的调查，"稳健儒雅型"和"谨小慎微型"是多数，其他类型是少数或是极少数。

114. 怎样理解麻将的输赢？

（1）"输赢"两个字已经成为社会语境中习惯使用的词汇

我们的社会生活里充满了输赢的意念和信息。

在商品社会里，由等价交换规律激发出来的竞争几乎是无处不在，必然充斥着输赢的角力。比如，失业者在人才交流狭窄的巷道里我挤你、你挤我是在较量输赢；在每年挤进大学门槛的高考期间，更是比输赢的社会浪潮；电视、电影里所描绘的权力更迭，多是血腥的输赢的杀戮……我们

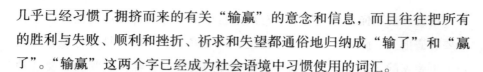
几乎已经习惯了拥挤而来的有关"输赢"的意念和信息，而且往往把所有的胜利与失败、顺利和挫折、祈求和失望都通俗地归纳成"输了"和"赢了"。"输赢"这两个字已经成为社会语境中习惯使用的词汇。

所有的竞技体育几乎都是输输赢赢，赢赢输输地书写着自己的历史⋯⋯

（2）输和赢，都可以成为智慧的"营养品"

在商品社会里，只要有交换关系就有输与赢。

人的生活常常联系着"输赢"两个字：经常有赢的喜悦、输的苦恼；"输赢"两个字使生活有了节奏，有了波澜，有了坎坷，有了滋味。

输与赢是共生共存的，也是可以互相转化的。我们常常会惊喜地发现当输转化为赢的时候，会给你带来很大的欢乐；这种欢乐仿佛有一种"化学作用"，即人们常说的"吃一堑长一智""失败是成功之母"。这种输与赢、赢与输的频繁的转化，都可以成为智慧的"营养品"，使你认识社会，认识人际关系，认识朋友亲情，认识面前的路程从来都是坎坷不平的⋯⋯

我们的生活，简单地说，就是推动输转化为赢；人是在输赢的磨炼中增长见识和智慧，变得成熟起来。

（3）输赢是竞技体育项目内在的激励机制

所有的竞技体育项目比赛都有输赢或者说是胜负。这是竞技体育最普遍、最有效的机制，是历史遗留下来的机制，也叫"奖励机制"，西方称为"行为动力激励机制"；这个机制像个"内燃机"，是推动发展的动力。

这也是群众最喜爱的机制。竞技项目就是竞技。竞者，比也！争也！没有这种内在的激励机制，人们就会失去兴趣，失去欲望，失去追求，甚至失去活力；这样下去，竞技体育项目必将变得索然无味，苍白而脆弱，逐渐地萎缩或消失。

正因为有了这种机制，竞技体育项目才有今日蓬蓬勃勃的繁荣。

（4）麻将竞技中的输赢转换极为频繁

麻将竞技中的输赢转换，比其他竞技体育项目中的输赢转换更频繁、更引人注目。一个原因是麻将活动太普及了——正像人们开玩笑说的"十亿人口九亿麻，还有一亿在观察"。另一个原因是见分晓的时间很短。比如，看一次马拉松竞走比赛要近三个小时；看一场足球赛要90分钟，还要加上伤、停补时；玩一盘桥牌一般也要20~40分钟。而麻将呢？几分钟一盘，输赢的次数出现得十分频繁，这必然会给打麻将的人心理上更多、更深的影响。有的心理学者认为，这种潜在的、强烈的输赢意识，在日常生活中可能产生正能量，也可能产生负能量，非常考验每个人的心理承受能力。

（5）谢军的输赢观

谢军是国际象棋女子国际特级大师、北京棋院院长，也很喜欢打麻将，曾特请盛琦教授教她学习麻将的规律与技巧。

谢军在许多场合讲过她的输赢观。

她说棋牌是相通的，"要超脱胜负"，"不得贪胜，忌就想着赢"。经过博弈"要有'五得'——得好友，得人和，得教训，得心悟，得天寿"。

这"五得"也正是麻将所追求的。不仅中国麻将，外国麻将也是如此。比如日本健康麻将协会提倡"三得"：得健康，得好友，得人生价值。

这就是谢军的输赢观。"五得"很厚重、很丰富、很经典；而相比之下，一个"赢"字就显得很单薄、很轻微了。

（6）重在领悟智慧

由成都市棋牌协会公布的《文明麻将公约》中，有一条是"要领悟智慧，不要计较输赢"。这非常重要，明确告诉人们：打麻将不仅仅是为了追求输赢，更重要的是领悟智慧。

也许有人会说，就那么13张牌，凑成四个搭子，加上一对将牌，就算和了；连不识字的居民婆婆都会打，领悟什么智慧？

此言差矣！有位专家讲过这样的话："在众多娱乐项目中，麻将像是一部《红楼梦》，她涵盖的内容很丰富、很繁丽、很厚重……"后来，笔者拜读了其所写的《麻将发展简史》，感到这话确实有些道理。

毕一生精力研究麻将文化的盛琦教授多次论述过麻将中所蕴藏的智慧，他说："麻将以其具有源远流长的历史性，深邃鲜明的民族性，凝重广博的文化性，包罗万象的涵盖性，变幻莫测的技艺性，斗志斗勇的拼搏性，民俗积淀的浓郁性，大含细入的哲理性，奥妙无穷的趣味性，优化修养的气质性和健身益脑的实效性等诸多特点和优势……是一项全新的科学研究专业学科。"从盛琦教授所概括的"十个性"中，可以领悟到麻将文化真是一个智慧的宝藏！我们要走进这座智慧的宝藏，认识它，热爱它，享受它，而不要以"输赢"这片小小的叶子，遮挡住我们的视野。

（7）休闲麻将与赌博麻将的输赢有质的区别

简单地说，前者是休闲，后者是贪欲。

休闲是一种积极的娱乐，交友联谊，切磋技艺，交流信息，修身养性，是集聚正能量的生活方式。

贪欲是人类身内的魔鬼，贪如火，不遏则燎原；欲如水，不遏则滔天。

我们这个时代，可以说是欲望燃烧的时代，而贪欲则是最疯狂的烈焰；不制止，不扑灭，任其发展下去，一部分人将会变成"金钱动物"，信奉"金钱拜物教"，其神经就会被金钱所抓住，心里充塞着金钱数字，要其放下物质欲望而回归生命本真就十分困难了。

这就是一部分不思悔改的赌徒的人生悲剧。

（8）打休闲麻将追求什么？

社会各阶层喜爱麻将的人很多，对麻将的认识和理解是参差不齐的，各人的偏爱也是不一样的，有的追求智慧，有的追求竞技，有的追求兴趣，有的追求休闲，有的追求小输小赢……人的文化层次不同，喜爱和追求也是不同的；但随着社会的发展，科学环境的优化，麻将文化的普及，都会朝好的方向发展。

麻将的文化内涵是很深厚的。在输赢问题上，最容易测试出一个人对麻将文化认识的程度。

我们要反对赌博麻将，抛开输赢的狭隘圈子，逐步向高处走，登上山顶，放眼享受"一揽众山小"的风光。

（9）输赢与思想境界

在麻将桌上，怎样对待输赢，最容易凸显出一个人的思想境界。

当然，赢不等于境界高，输不等于境界低。思想境界高低与打麻将的输赢是两码事；然而，怎样对待输赢，却有个思想境界问题。我们要在麻将娱乐中提高自己的素养，不要把输赢的结果看得太重，而要赢牌淡然，输牌坦然，顺其自然，自我规范，自我激励，优化自己的气质；相反，把输赢看得太重，成了负担，人就会变得庸俗，就会失去朋友，变成可悲、可叹的孤家寡人……

（10）输与赢是互为对立和依存的，是可以互相转换的

《道德经》里用"有无相生，难易相成，长短相形，高下相倾，声音相和，前后相随"来阐明世间万物的对立和依存关系。输与赢的关系也是互为对立、依存关系。赢是相对于输而言的，输是相对于赢而言的，两者相对立而又相依存：没有赢不会有输，没有输也不会有赢；输和赢都是暂时的，而且是可以互相转换的。俗话说"胜败乃兵家常事"；对打麻将来说，即"输赢乃麻家常事"；既然是常事，就用不着大惊小怪，用不着放在心里，用不着去斤斤计较，用不着大喜大悲。

输也罢赢也罢，输多少赢多少，都是正常的现象。认知了这是正常的，我们的心态才能平静，才能理智，才能从容。

（11）要有赢牌的信念，赢牌很重要

打麻将的人都想赢牌。只要牌风好，技艺精，手气顺，赢牌是一种十分愉悦的享受。

参与打牌要有赢牌的信念，要发挥自己的智慧和技能，全力以赴地去争取胜利。

赢牌能培养自己的兴趣和信心；赢得越多，兴趣越浓，信心越足。而相反，输得灰溜溜的、才挨了倾盆大雨，又摔进河里，怎么可能有心情去玩牌呢！

赢牌能增长自己的气势。有气势才有良好的精神状态，才能激发出自己身上潜在的智力和技能。在麻将竞技中有没有气势，是决定胜负的一个主要因素。

赢牌才能享受、欣赏、体验到从智力竞技中得到的美感和快感——原来智力角逐是这么美妙！可以发现科学的思维和方法，可以领略由演绎、变化带来的愉悦。

赢牌才能发现麻将竞技的内在规律，发现众多制胜因素之间的复杂关系，发现麻将竞技中所蕴藏的辩证法到了极其精致的程度。

赢牌才能在比赛中晋级，夺得名次，为个人、集体、单位获得荣誉。

所以赢牌很重要。但是，我们不能把赢牌作为玩麻将的唯一目的，因为我们在麻将娱乐中还可以得到别的更丰富、更有益、更精美的果实！

（12）"打仗不怕死，打牌不怕输"

俗话说"怕死不当兵，怕输不打牌"。"不怕输"，并不是鼓励你勇敢地去输，而是说在打麻将的过程中，不确定的因素太多，偶然性太多，输牌是不可避免的。

由国家体育总局制定的《中国麻将竞赛规则》比较好，其偶然性少一些。而我们成都的"血战到底"规则，偶然因素过多，打麻将主要靠手气。你怕也好，不怕也好，输是避免不了的，再高明的牌手也避免不了，高手仅仅是输得少一点而已。所以，既然是避免不了的，怕有什么用呢！如果"怕"字成了负担，成了思想包袱，以致打牌的时候，畏首畏尾，左顾右盼，心神不定，结果会输得更加悲惨……

（13）不要"浅尝辄止"

打麻将的人，只要坐在麻将桌前，定庄开始拿牌，你就在输赢之间行走，左左右右，右右左左，这是常态，所以麻将箴言说"得勿骄，失勿吝；顺时勿喜，逆时勿愁"。

也就是说用不着大惊小怪，用不着斤斤计较。但是，这并不等于不去思考。赢了，为什么会赢？输了，为什么会输？不能稀里糊涂地赢，也不能稀里地输。经常看到的情况是：

为什么赢那么多？答曰：手气好呗！

为什么输那么多？答曰：手气臭呗！

这种"浅尝辄止"、不知就里的态度是不可取的！应当多问几个为什么？

其实输赢的原因是很复杂的，其中有许多客观的因素和主观的因素；对这些原因，大体上要有个正确的分析和认识。但一些麻友很重视输赢，却又轻视输赢的原因，这是不应该的。

（14）不要"难得糊涂"

一些麻友很重视输赢，却又疏忽输赢的原因，还有个理由：娱乐就是娱乐，动那个脑筋干什么？"难得糊涂"嘛！

我个人认为，"难得糊涂"的本意，是郑板桥对当时现实的一种清醒的蔑视，是对腐败的抗议，也表现出郑板桥个人清风自拂的坦荡胸怀；还可以理解成是指一种宽于待人的处世哲学，包含韬晦，即收敛、包容的意思。所以"难得糊涂"并不否定"聪明"的价值，也没有把聪明和糊涂对立起来，更不是提倡"睁一只眼，闭一只眼"、不辨是非、不分黑白。

打麻将是智慧的游戏，不仅要展现智慧，还要增加智慧——对待朋友玩麻将时的输赢，可以来点"难得糊涂"，吃点亏没有什么；而自己对待输赢的原因，则不要采取"难得糊涂"的态度，如果糊涂下去所得到的结果是更加糊涂。

（15）输牌，要输得明白

打麻将的过程，每一盘都要面对输赢。"输赢"两个字像是音符在你面前交错地跳跃，组成一首曲子，或轻快，或狂喜，或悲愁，或痛苦……

输牌是时时发生的事，高手输得少一点，新手输得多一点，可以说输是一种必然的事情。输并不可怕，可怕的是输得糊涂——一直不知道是什么原因输掉了。也许，这就是成都人所说的"打昏麻将"。

娱乐也好，竞赛也好，输赢都要明白；完全明白很困难，也不现实，但至少也要大体上明白。这样才有兴趣，才有档次，才能提高技艺。

打成都麻将输了牌，可能有以下几条原因：

第一，过分依靠手气，轻视技艺的重要作用。有人说"手气红，红彤彤，小麻雀变成金凤凰，茅草棚变为紫禁城"。这很浪漫，很有想象力，可惜的是很难实现。

第二，过分相信自己的主观能力，对客观条件缺少敬畏和尊重。有人不顾客观的可能性，不善于在"合理区间"行牌，不善于"势"变我变，也不善于时来我动、时去我止，只知道一股劲按自己的主观设计往前闯，只会走直路，不会走弯路，碰上南墙也不回头。

第三，心存旁骛，神志不宁。有些麻友、特别是年龄略大的女同胞，在行牌过程中没完没了地唠叨，都唠叨得大家烦躁不安了，她还在病态似地"扭起说"；唠叨的内容，多是炫富、埋怨、偷情和性爱。这就是所谓"嘴说话，手打卦"一心两用。

第四，缺乏把握机遇的能力。做小牌很认真，很计较；当机遇来到自己面前的时候，却又缺乏敏感的洞察力，缺乏胆识，缺乏霸气，思维迟疑，处置不当，与机遇擦肩而过。

第五，对信息变化缺乏洞察力。最突出的表现是不知道"遇强我守，遇弱我攻"的道理。"强"或"弱"，一是指对手的技艺，二是指手气的顺逆。强弱是不断变化的，攻守也是不断变化的。麻将是随机应变的艺术。

输牌的原因很多，笔者以为这五条是主要的。

一般来说，成都麻将规则中偶然性比重过大，手气不好而输牌是主要原因；从主观上看，心态不好是输牌的主要原因。技术原因也多，但不是主要原因。

打昏麻将是不行的。不明白输牌的原因，一直处于"盲打"的状态，可能会继续稀里糊涂地输下去。只有明白了输的原因，输才可能转化为赢。这时的"输"，就会成为进步的阶梯，成为智慧的财富……

（16）客观原因中主要是手气

打麻将输牌，客观原因很多，主要是"牌运"不顺，这是无法避免的。因为所有竞技比赛都有个运气问题，麻将竞技中的运气比重较大，成都麻将中的运气比重更大。因此常常有人因运气不顺而输牌。这是客观存在，所以用不着怨天尤人，也用不着深自怨艾，最好的办法是一笑了之！

如果真是想不通，可以反思一下对待运气不顺的战略战术是不是得当，情绪波动大不大，是否做到了神定气闲，是否还有迷信的心理因素在自我干扰，等等，都应思考一下，尽量避免一些盲目性。

总之，既是客观原因输了，也要思考主观原因是否有什么欠缺和不足。许多事情都是这样，糊涂一下就过去了；而认真一下，就可以推开一扇智慧的窗户……

（17）要有气闲神定的气度

输了牌肯定有不少主观原因。主观原因中普遍存在的是心态不好，缺少气闲神定的气度。有些麻友心态随着输赢上下波动，时而大喜，时而大悲，结果是大喜伤智，大悲损气，往往都会使人失去理智。这种随着输赢上下波动的心态，像一只在风浪中颠簸的小舟，很难把握住自己的方向，而且随时都有撞礁、翻船的危险。

过去有副关于打麻将的对联，内容是："到此者应带几分仙气；坐定后宜生一点禅心。""仙气"，是比喻要有神仙那种超然物外的心境；"禅心"，是比喻要有排除一切杂念的静谧，亦即禅趣。当然，完全做到这一点是很难的。不过力求有几分"仙气"，有一点"禅心"是可以做到的。

无数事实说明，要打好麻将，保持良好心态是第一位的。打休闲麻将就是娱乐，玩一玩，益智健脑，联络友情；而不能以赌博的心态来娱乐，来斤斤计较输赢，那是一条狭隘的小胡同。

（18）谋"势"是制胜的第一要务

输牌的主观原因，除了心态不好，就是违背规律，逆"势"强取，也就是我们平时所说的只想做大牌，"有条件要上，没有条件也要上"。这是输牌最主要、最普遍的原因。

打麻将要遵循"顺'势'而变，应时而为"的规律。这八个字，既是基本规律，也是基本技能，是麻将竞技制胜的法宝，所讲的就是"谋势"。打麻将过程中，所有精彩纷呈的内容，自始至终就是围绕着"谋势"这两个字而进行的。"谋势"，是主观的"谋"去顺从、去应对客观的"势"。

在麻将桌上，逆"势"而行的现象是比较多的，有些是自觉的，有些是不自觉的；有些比较严重，有些比较轻微；有些是没有意识到什么是逆"势"而行。其主要表现，是我行我素、任意而为、自作聪明。这些麻友有一个共同的特点，就是对物质是第一性的缺乏敬畏的心态，夸大主观能动性的作用，不懂得顺"势"是唯物论的，逆"势"是唯心论的。

"谋势"是制胜的第一要务。

（19）输是可以转化为赢的

前面简单叙述了输与赢互为对立而又互相转换的辩证关系，听起来有点抽象，下面举些例子来解释一下。

比如有位麻友特爱"对子"，选择"下叫"的时候爱选"对处叫"，认为"对处"和的牌是两种花色，赢的机率肯定要大些；后来他发现"对处"赢牌的机率并不高，而"卡张"赢牌的机会要比"对处"多得多，的确是"'对处'不如一'卡'"。所以，后来选"叫"他就多选"卡"张，于是输就转换为赢了。

又如有位麻友爱做大牌，有时手气好，赢得较多，但多数情况下是做不成，甚至没有"下叫"，输得更惨；在多次失败的过程中，他渐渐悟出一个道理：牌相在"合理区间"运行，是有可能做成大牌的；牌相不在"合理区间"运行，是不可能做成大牌的。从此，他的注意力不放在做大牌上，而首先思考牌相要在"合理区间"运行，也就是说具备了做大牌的空间和时间，结果做成了许多大牌。

（20）赢转换为输的实例也很多

输转换为赢的例子很多，赢转换为输的例子也很多。

有些朋友一赢牌头脑就发热，即"胜利冲昏头脑"，在判断现实性与可性能的时候，往往夸大可性能，于是失败就接踵而来。

笔者一位教授级的老同学，大家都称她"钮姐"，特会做"带幺"，有一天她竟然做成三次，故都喊她"钮带幺"。至今，在朋友间还没人破这个记录，故朋友都称赞她："简直是堪称一绝！"从此，钮姐特钟情"带幺"，不管有没有条件，就往这个方向前进，结果是赢转换为输了。有时甚至输得惨不忍睹……

这个事例告诉我们，真理都是相对的、具体的，都有其适用的条件和范围；在这个条件和范围内，你可以自由挥洒聪明和智慧，而如果超出了这些条件和范围，往往是无能为力、不可能有作为的。

（21）一半是"祸"，一半是"福"

打麻将中的输赢，一半是"祸"，一半是"福"。

因为输与赢是共存共生的，而且是可以互相转换的，输可能转化为赢，赢也可能转化为输，要以辩证的观点看待输赢：赢，看是"福"，又可成"祸"；输，看是"祸"，又可成"福"。转换是自然规律，是矛盾双方在一定的条件下各自向着和自己相反的方面转变、向着对立方面所处的地位转变。这正如古人说的"臭腐复化为神奇，神奇复化为臭腐"。

转换，不是主观上想怎么转换就怎么转换，而是"在一定条件下"的转换。"一定条件"是很多的，就打麻将的输赢而言，主观上有两条是不可缺少的：一是你对麻将竞技的规律认识得更清晰了；二是应对客观"牌势"的能力更自觉更高强了。有了这两条，"祸"就有可能变成"福"了；忽略了这两条，到手的"福"也可能在转瞬之间变成"祸"。

（22）不要纠结一盘牌的输赢

打麻将的朋友经常纠结一盘牌的输赢，这不是科学的思维方法。因为在行牌过程中"势"变化极快，不确定因素太多，输输赢赢都是正常的现象，即是高手也是如此。

也可以说输输赢赢是一种常态。网球一姐李娜在法网初盘意外出局，乒乓一哥张继科在东京世乒赛上意外输给奥恰洛夫，引起舆论媒体议论纷纷，仿佛黄河倒流泛滥成灾了。其实用不着纠结，只要认真总结，寻找到失利的原因就算过去了。

赢不是永恒的节奏，输往往是赢的一个台阶……

（23）"苍蝇、蚊子也是肉"

在打麻将输赢问题上，有人爱做大牌，不屑于赢小和；有人则看重小和，能和就和。这是由于性格不同、风格不同、追求不同、对"牌势"的判断不同而产生的正常现象。

有时前者讽刺后者："苍蝇、蚊子也要吃。"意思是说那么个小不点儿，吃了让人恶心……后者则回应前者："老虎豹子是肉，苍蝇蚊子也是肉。"

其实"和牌才是硬道理"。和大牌，和小牌，都很好。俗话说"打牌无高番，只是空喜欢。和牌有高番，一步一层天"，同时也说"小和紧推，筹码成堆"。问题的症结不在于是"老虎、豹子"还是"苍蝇、蚊子"，而在于"牌势"允许你做什么，不允许你做什么。

比如，取得的 13 张手牌，有 12 张是条子，还有两家不要条子，毫无疑问，要抖擞精神去猎虎擒豹……而若取得的 13 张手牌牌相东不挨墙，西不搭界，没对子也没搭子；虽有牌谚说"牌乱好上张"，但手气不好，偏偏又不上张，在这种情况下，能捕捉到一只"苍蝇""蚊子"也算是幸运的了。

打麻将一要唯物，从实际出发；二要辩证，既爱"老虎豹子"，也爱"苍蝇蚊子"。

（24）有只赢不输的玩法吗？

肯定没有。

香港流行一种说法：保证你永远只赢不输。其具体做法是：每次打麻将时，要随时记下来什么时辰赢了，什么时辰输了，什么时辰手气顺，什么时辰手气逆；亦可制一张表格，记下"时辰""红日""黑日""顺时""逆时"，长期积累下来，你会发现什么时辰"红日"多，什么时辰"手气顺"，这是属于你的"吉日""顺时"，以后就选择这个时辰去打牌，保证你只赢不输。

这个方法是否灵验，信不信由你；因为没有试验过，反正笔者是不相信的，理由是：

一则时间和空间是发展变化的，"时辰"是永远不能复制的。过去赢的时辰，绝不等于现在赢的时辰。

二则时空条件是客观的，而输赢的主要因素是主观的，时辰永远不能主宰输赢的命运。

三则如果这是真的，人人都只赢不输，那麻将还会存在吗？

（25）输得有风度，输得有教养

有时看武打功夫影片，两剑客杀得天昏地暗，一方落败，立即下跪叩拜："师傅在上，请受徒弟一拜！"这时，心里会油然产生一种敬意——不仅敬仰败者的剑法，而且敬仰其欣赏对手、尊重对手的胸怀和品德。

我们对待麻将的输赢也应当如此，要服输，要输得有风度，要输得有教养。笔者单位某老师就是这样，与之同桌打牌约十年，他从来不拖欠筹码——他认为"拖欠"是不尊重对方的表现。他多次说，"输是小事，尊重人是大事"。

笔者曾经同留学日本多年的一位女士打麻将。她每次输了，都用双手捧着筹码很礼貌地送给对方；而赢牌收到对方筹码时，都要轻声说"谢谢"。开始笔者感到其"繁琐"和"刻板"，后来悟到这恰恰是我们最需要的——我们有些人在输赢问题上表现出来的低俗太多了。

（26）输牌时的俗气

打麻将要赢得起，也要输得起。因为输赢就像一个连体的双胞胎，是连在一起的，是共生共存的：有输就有赢，有赢就有输；不是你输我赢，就是你赢我输。也有不输不赢的情况，但那是偶而的、暂时的。

有些朋友一输就皱起眉头，心态扭曲变形，种种俗气就压抑不住表现出来了：

一是板起面孔，从筹码中选出黑色的扑克牌，摔给对方。

二是埋怨几句发泄心中忿懑，叨叨："不是我喂你碰牌，你赢个鬼！"

三是拖欠筹码，欠一家，欠二家，甚至欠三家，以致拖欠引起的纠葛很多：你说欠四张，他说只欠三张；你说已经给了，他说没有给……

四是由于对约定俗成的规则解释不同、理解有差异而发生争执，公说公有理，婆说婆有理。

这些平庸鄙陋的现象，像一片阴云飘浮在麻将桌上，使"娱乐"两个字黯然失色。

（27）输赢是个愉快的"圆圈"

听一位老师讲打麻将，有段话我印象很深刻。他说，输赢是什么？是几位朋友欢聚一堂切磋牌艺，每人从口袋里掏出一点娱乐费，除支付茶楼打牌、吃饭、茶水费以外，剩余部分通过输赢，在每位朋友的口袋里循环转圈……今天你赢了，转到你的口袋里；明天他赢了，又转到他口袋里；后天我赢了，又转到我口袋里……所谓"输赢"，就是指这点娱乐费在朋友们的口袋里转圈，如此而已。

这种输赢观，比较理智，比较豁达。有了理智，人才能清醒起来；有了豁达，人才能快乐起来。

（28）"晴雨一把伞，输赢一张脸"

这是一位麻友常挂在嘴边的一句话。他说到做到，每次来打牌腋窝里都夹一把伞，说是"有备无患"；打牌赢了笑眯眯的，输了也是笑眯眯的。

笔者很赞赏这"输赢一张脸"：

"输赢一张脸"说明有良好的心态。不像有些人像有两个面具，在脸上来回替换：赢牌时满脸堆笑，嘻嘻哈哈；输牌时一脸怒气，恶语伤人。

"输赢一张脸"说明尊重规则，尊重对手。不像有些人随意犯规、违规，缺乏礼貌，缺乏和善，缺乏素养。

"输赢一张脸"说明有修养，思想境界较高。不像有些人心眼狭隘，斤斤计较，强词夺理，有理不让人，无理也不让人；见利忙伸手，见义退三丈。

"输赢一张脸"说明有几分禅心，会享受没有尘世纷扰的平和、宁静的趣味：不争，保护元气；不忧，心底清凉；不怒，百神和畅。

"输赢一张脸"值得点赞！

（29）豁达，老年心中的一缕阳光

对待输赢，特别是老年人，心胸要宽阔不要狭隘。我们经历了几十年的风风雨雨，现在已经衣食无忧了。如果打麻将仅仅是追求一个"赢"字，那就是一种病态了；如果经不起这类低级病魔的侵袭，说明我们的生命已经开始异化、开始灰暗了，那晚年生活就没有什么意义了。

站高点，看远点，豁达点，快乐点。这是老年生活中的一缕阳光……

（30）快乐自己也快乐他人

人们常说"智者快乐"。

我们打麻将的目的是为了**休闲和交友**，是寻找快乐。我们要学会享受打麻将的过程，享受智力竞技所带来的愉悦，享受灵敏、聪慧、运筹、机智、技巧所带来的快感，可以体验智力的角逐所带来的美感，还可以享受友情所带来的温馨。

这是多么惬意的事情啊！而有些人在麻将娱乐中，却不知其中的快乐，只想到输赢，把快乐丢到一边去了，实在让人惋惜。

我们不要被输赢这条绳子把心捆绑起来。心自由了，打牌才自由，生活才自由；有了自由，才有快乐！

我们生活中有很多大道理，其实最大的道理就是生活快乐。我们应当打快乐麻将，自己快乐，也要他人快乐！

（31）"小快乐"和"大快乐"

快乐是什么？通俗地说就是感到满意和幸福。

打麻将赢了，是一种快乐。而麻将带给我们的快乐却是多方面的：一是交友的快乐；二是健身益脑的快乐；三是修养气质的快乐；四是施展才艺挥洒智慧的快乐；五是奥妙趣味的快乐……这些才是大快乐，而赢牌只是其中的小快乐。

（32）人生有四苦

俗话说人生有四苦：看不透，舍不得，输不起，放不下。

俗话是人民群众总结出来的生活经验。为什么"输不起"是一"苦"呢？一个正常的人应当是"赢得起"也"输得起"，"输不起"，说明他的心态是有缺陷的，通常的表现是狭隘、脆弱、短视、自私心理较重。以这样的心态待人处事，必然艰难坎坷，苦涩连连。

欲望是一个无底的黑洞。聪明人之所谓"聪明"，就是指其具有"放下"的智慧。生活中如此，麻将桌上也是如此。

（33）让"快乐因子"活跃起来

人要快乐起来，主要在于心境。

笔者有一位麻友是治疗抑郁病症的医师，她说，人的脑子里有一种"快乐因子"。

感到惊讶，有"快乐因子"？

她解释说，人的脑子里有一种物质叫"5－羟色胺"，它是一种能产生愉悦情绪的信使；提高5－羟色胺水平，"快乐因子"就会活跃起来，反之"快乐因子"就会萎缩下去；这个"提高"与否，与我们的情绪和心境关系很大——开朗、豁达的人5－羟色胺水平较高，沉闷、抑郁的人5－羟色胺水平较低。心境开阔而明亮，人就会快乐起来。

我们应当从这些知识中获益，使自己脑子里的"快乐因子"活跃起来……